KB263626

너의 삶을 살아라

너의 삶을 살아라

너의 삶을 살아라

니체가 전하는 삶의 자세

프리드리히 니체 지음

김회주 옮김

남의 시선이 아닌,
나의 삶을 선택하는 이들을 위해

데이지북스

우리는 살아가면서 끊임없이 묻습니다.

"내가 원하는 삶은 무엇인가?"

"나는 어디로 가고 있는가?"

"이 길은 옳은가?"

하지만 뚜렷한 답을 내리지 못한 체, 남이 정해준 길을 따라 걷거나, 고민을 미뤄두기 쉽습니다. 그러다 예상치 못한 고통, 받아들일 수 없는 슬픔, 이유 모를 허무함이 찾아오면, 다시 삶의 근본적인 질문 앞에 서게 됩니다.

　백여 년 전, 철학자 니체는 이 물음과 누구보다 치열하게 맞섰습니다. 그는 고통을 부정하지 않고 삶의 일부로 받아들이고, 그 안에서 새로운 의미를 창조하려 했습니다. 삶이 던지는 질문 앞에서 도망치지 않고 맞서며, "그럼에도 불구하고 삶을 사랑할 수 있는가?"라는 물음을 놓지 않았습니다.

　이 책은 누구보다도 인간적이었던 니체의 사상을 오늘의 언어로 재해석했습니다. 그의 문장을 단순히 인용하는 데 그치지 않고 현대적 맥락에서 다듬어, 그 물음이 오늘날 우리의 삶에도 여전히 깊은 울림을 줄 수 있음을 보여주고자 합니다.

　니체의 글은 한 인간이 자기 삶을 되찾아가는 여정처럼 다가옵니다. 《인간적인, 너무나 인간적인》은 굳어버린 믿음에서 우리를 해방시켰고, 《차라투스트라는 이렇게 말했다》는 자유로워진 인간이 자기 한계를 넘어 더 높은 존재로 나아가는 길을 보여주었습니다. 《선악의 저편》은 스스로 삶의 기준을 세우는 용기를 전했고, 《도덕의 계보》는 타인이 만든 도덕

　　　　　　　　　　　　　　　　　너의 삶을 살아라

의 뿌리를 흔들어 우리의 시선을 새롭게 열었습니다.
그리고《이 사람을 보라》에서 이러한 철학이 실제
삶 속에서 어떻게 실천될 수 있는지 알려주었습니다.

　이 책 역시 니체의 그 여정을 따라가려 합니다.
　불안과 분노, 상처와 허무함에 흔들리는 이들에게
니체는 명쾌한 해답을 주지 않습니다. 대신, 자신의
삶을 다시 바라 볼 수 있는 기회를 제공합니다.
　실패는 단순한 불행이 아니라 새로운 의미의 출발
점이 될 수 있고, 분노는 일시적 감정이 아니라 내 안
의 경계가 무너졌음을 알려주는 신호일 수 있습니다.
그리고 삶의 의미는 주어진 것이 아니라 스스로 창조
해야 한다는 점을, 니체는 자신의 일생을 통해 끊임
없이 보여줍니다.
　우리는 모두 삶의 무대에서 스스로 주인공이 되어
야 합니다. 남이 써준 대본을 따르지 않고, 직접 삶을
창조하며 긍정할 용기를 가져야 합니다. 삶이 완벽해
야만 사랑할 수 있는 것은 아닙니다. 오히려 불완전
하고 모순투성이인 삶이기에, 그만큼 더 사랑할 가치

가 있는지 모릅니다.

이 책은 독자에게 니체의 방대한 철학적 체계를 설명하려 하지 않습니다. 대신 일상의 작은 선택과 흔들림 속에서, 니체가 전하고자 했던 삶의 의미를 통해 자기 자신의 길을 찾는 여정을 돕고자 합니다. 그리고 그 길의 끝에서, 우리 모두 이렇게 고백할 수 있기를 바랍니다.

"나는 삶을 사랑한다고 말할 수 있는 날까지,
나의 길을 오롯이 걸어가겠다."

차례

옮긴이의 말   5

Part 1
나를 다시 발견하는 시간

01 나는, 나에게서 시작된다   16

02 무너짐이 나를 다시 세운다   18

03 나에게 보내는 응원   20

04 움직이는 사람이 길을 만든다   22

05 간절히 원하면 허락은 무의미하다   24

06 행복은 증명할 필요가 없다   26

07 아무것도 안 해도 괜찮은 하루   28

08 잘하려 하기보다 나답게 하기   30

09 기꺼이, 서툰 나로 살아보자   32

10 나만의 속도로 걸어가도 되는 이유   34

11 이미 사랑받고 있다   36

12 작아 보이지만, 작지 않은 나   38

13 잠시 멈춰, 다시 세상을 마주하다   40

14 나답다는 말을 다시 정의하기   42

15 '무엇'을 할지보다 '어디로' 갈지가 중요하다   44

16 멈춰 선 당신에게 필요한 질문   46

Part 2
관계 속에서 길을 찾는다

17 좋은 사람이 되려다 나를 잃다   50

18 진짜 모습을 드러낼 용기를 가져라   52

19 "아니요."라고 말하기   54

20 사랑에도 '틈'이 필요하다   56

21 바꾸려는 집착에서 벗어나기   58

22 배려는 솔직함에서 시작된다   60

23 진심은 전하는 순간 완성된다   62

24 자기 자신부터 먼저, 이해하라   64

25 우정에도 계절이 있다   66

26 기대를 내려놓을 때, 비로소 보이는 것들   68

27 진짜 힘은 내 안에 있다   70

28 나의 계절은 지금, 여기   72

29 타인의 손을 놓고, 나의 길을 걷다   74

30 상처를 인정해야 다시 시작할 수 있다   76

31 비워야 비로소 나를 만난다   78

32 말로 풀 수 없다면 놓아도 괜찮다   80

33 "죄송합니다."가 버릇이 된 당신에게   82

34 인연의 깊이를 결정하는 것은 시간이 아니다   84

35 자신을 사랑하지 않는 사람은 쉽게 부서진다   86

Part 3
감정과 친해지는 법

36 분노는 '지금'이 아니라 '그때'에서 온다   90

37 슬픔의 그늘이 삶을 깊게 만든다   92

38 불안함이 길이 되는 순간   94

39 감정의 주인이 되는 길   96

40 질투는 아직 피어나지 않은 꿈이다   98

41 행복은 어느 순간에나 머물러 있다   100

42 아무렇지 않은 척 그만두기   102

43 마음의 빈칸을 다시 쓰자   104

44 불편한 감정도 삶의 선물이다   106

45 체념하는 대신, 한 걸음 더 나아가라   108

46 나를 삼키는 죄책감에서 벗어나기   110

47 외로움은 나를 더 깊게 만든다   112

48 지우고 싶은 기억을 딛고 서는 법   114

49 마음이 무너질 때 의지할 수 있는 생각들   116

50 오래된 상처와 함께 살아간다는 것   118

51 흩어진 내면의 목소리를 듣다   120

52 행복을 미루지 않는 습관   122

53 감정이 나를 속일 때   124

54 오래된 두려움과 화해하는 방법   126

Part 4
의미와 목표를 다시 세우다

55	내일을 바꾸는 건 언제나 오늘이다	130
56	직업, 그 이상의 당신	132
57	움켜쥐면 무겁고, 흘려보내면 길이 된다	134
58	화려한 허상 대신 위대한 인생을 택하라	136
59	당신은 지금 어떤 무대 위에 서 있는가	138
60	성공의 의미를 다시 생각하다	140
61	삶의 여백을 낭비하지 않는 법	142
62	좋아하는 일을 놓지 않는 당신에게	144
63	새로운 선택을 위해 포기할 자유	146
64	욕망이 삶을 움직인다	148
65	나는, 나의 시간을 걷는다	150
66	늦는 게 아니라 돌아가는 중이다	152
67	균형이란 맞춰가는 것	154
68	익숙함에서 벗어나 다른 나를 만나다	156
69	손에 쥔 것부터 사랑하라	158
70	위대한 삶은, 일상의 순간들에서	160
71	가장 중요한 가치는 삶의 경험이다	162
72	멈추지 않는 한 실패는 없다	164
73	자유는 당신의 선택에서 온다	166
74	살아갈 의미를 잃어버린 당신에게	168

Part 5
나다운 삶의 용기

75 오늘을 살아라   172

76 오늘은 이미 '좋은 날'이다   174

77 남의 기대를 벗고, 나의 삶을 선택하라   176

78 정해진 길에서 벗어나길 두려워하는 당신에게   178

79 멈출 것인가, 나아갈 것인가   180

80 서툰 오늘을 사랑할 마음   182

81 버려야 할 것은 놓지 못하는 마음이다   184

82 고요함이 나를 길러낸다   186

83 작은 변화가 만드는 힘   188

84 사라지는 게 아니라, 변하는 것   190

85 소중한 것은 모든 순간에 있다   192

86 나를 넘어, 세상에 닿는 용기   194

87 욕심을 버리고 삶을 채우다   196

88 나를 그대로 보여주는 대화   198

89 힘든 하루, 나에게 건네는 응원   200

90 잃는 것이 아닌, 찾아가는 시간   202

91 끝까지 나다움을 잃지 않는 용기   204

92 후회 없이 오늘을 살아가는 법   206

93 지금 내딛는 한 걸음이 인생을 바꾼다   208

글을 마치며   210

"너 자신이 되어라.
지금의 너는 아직 네가 아니다."

나를 다시
발견하는 시간

나는,
나에게서 시작된다

늘 새로운 나를 꿈꾸면서도, 정작 과거를 놓지 못하고 있다. 익숙함이 주는 편안함에 기대어, 오래된 나와의 이별을 계속 미루게 된다.

낡았지만 발에 잘 맞는 구두처럼, 우리는 익숙해진 나를 그대로 신고 또 하루를 시작한다. 그러나 밑창이 닳아 발바닥을 시큰거리게 하는 구두로는, 더 이상 편안하게 걸을 수 없다. 한때는 나를 지탱해 주던 것들이 이제는 걸음마다 고통을 남긴다.

익숙함은 우리를 안심시키지만, 너무 오래 머물면 오히려 나를 잃게 만든다. 놓아야 할 것을 끝내 붙잡고 있으면, 새로운 길은 절대 열리지 않는다.

이제는 스스로에게 물어야 한다. 내가 버리지 못한 '낡은 신발'이 무엇인지.

오래된 가치관일 수도, 아니면 고치지 못한 습관일 수도 있다. 하지만 그것이 무엇이든, 나를 앞으로 나아가지 못하게 한다면 이제 그만 벗어던져야 한다.

그 선택을 통해, 오래된 나의 끝에서 새로운 내가 시작될 것이다.

―――――――

"너는 너의 과거를 사랑하되,
과거의 노예가 되지 말라."

무너짐이
나를 다시 세운다

괜찮아야 한다는 압박에 숨이 막힐 때가 있다. "괜찮지?"라는 물음에 습관처럼 "괜찮다."라고 답하지만, 마음은 이미 금이 가 있다.

사랑이 끝나고, 오랜 준비가 실패로 돌아가고, 쌓아 올린 일이 무너져 내릴 때, 우리는 본능적으로 그 아픔을 숨기려 한다. 그러나 감춰진 상처는 약함의 증거가 아니라, 내가 한때 얼마나 뜨겁게 살았는지 말해주는 흔적일 뿐이다.

바라던 바를 이루지 못했다고 스스로를 낮출 필요는 없다. 실패는 더 높은 곳을 향해 몸을 던졌다는 사실의 증명이다. 날아오르려다 바람에 부딪힌 새처럼, 내가 입은 상처는 도전의 기록일 뿐이다. 아무것도 시도하지 않는다면 고통은 피할 수 있겠지만, 그런 삶에는 깊이가 없다.

삶은 아름다운 풍경으로만 이루어지지 않는다. 때때로 폭풍이 우리를 흔들고, 또 고통에 몸부림칠 때도 있다. 중요한 것은 폭풍이 지나가기를 기다리는 것이 아니라, 다시 일어설 힘을 길러내는 일이다.

눈물로 얼룩진 그 순간조차, 나를 더 강하게 만들기 위한 과정이었음을 훗날 깨닫게 될 것이다. 그러니 괜찮지 않은 날을 감추려 하지 마라. 오히려 그 고통이 너를 더 단단하게 만들고, 스스로 세운 새로운 기준 위에서 다시 일어설 힘이 되어 준다.

아픔은 너를 무너뜨리기 위해 있는 것이 아니다. 너를 다시 만들기 위해 찾아오는 것이다.

"상처 입은 자만이 치유하는 힘을 얻는다."

03

나에게 보내는
응원

중요한 결정을 내려야 할 때, 마음이 두 갈래로 나뉘는 순간이 있다. 하나는 내가 진심으로 원하는 길이고, 다른 하나는 남이 옳다며 권하는 길이다. 안타깝게도 우리는 종종 후자를 택한다.

물론 아직 서툴고 미숙할 수 있기에 주변의 조언은 필요하다. 하지만 그 말이 조언이 아닌 허락처럼 들리는 순간, 나는 어느새 그들의 뜻에 따라 움직이는 꼭두각시가 되어버린다.

어떤 상황 속에서도 자기 스스로 답을 고를 수 있는 용기를 가져야 한다. 그 선택으로 인해, 어렵고 힘

   너의 삶을 살아라

든 길을 걸을 수도 있다. 그러나 그 길이 힘들지라도, 남이 정해준 편안한 길을 좇는 이는 알 수 없는, 온전한 자신만의 '삶'을 살아가게 될 것이다.

타인의 시선은 바람과 같다. 바람은 배를 움직이게 할 수 있지만, 목적지를 정해주지는 못한다. 방향을 결정하는 것은 배의 키를 잡은 선장이다. 그리고 내 삶의 선장은 오롯이 나여야 한다.

내가 내린 결정은 곧 내가 책임져야 할 몫이며, 이런 선택이 쌓여 스스로에 대한 믿음을 만든다. 그러니 아무리 거센 파도가 몰아쳐도 인생의 키를 놓지 마라. 그래야 배가 도착한 곳이 어디든, 그것이 '진짜 나의 항로'였다고 당당히 말할 수 있을 것이다.

"스스로를 지휘할 줄 모르는 자는
반드시 남의 지휘를 받는다."

움직이는 사람이
길을 만든다

아무것도 선택하지 못한 채 시간만 흘려보낼 때가 있다. 마음은 분명 변화를 원하는데, 삶은 늘 제자리를 맴돌고, 기회는 점점 멀어지는 것처럼 느껴진다.

그러나 실망할 필요는 없다. 아직 선택하지 못했다는 것은, 다른 한편으론 무엇이든 선택할 수 있다는 가능성을 뜻하기도 하니까.

인생에서 중요한 건 누가 먼저 결정을 내렸느냐가 아니라, 그 선택이 어떤 방향을 향하고 있느냐이다. 확실한 답을 찾으려 애쓸 필요는 없다. 인생의 정답은 지극히 상대적이다. 어떤 선택이 옳은지 그 누구

   너의 삶을 살아라

도 확신할 수 없다. 결국 우리는 자신만의 기준으로 자신만의 속도로 결정을 내려야 한다.

만약, 아직 무언가를 선택할 준비가 되지 않았다면, 아주 작은 일부터 결정해 보자. 그 작은 변화들이 쌓여 어느 순간 삶의 방향을 바꾸고, 새로운 길을 열어 줄 것이다. 삶은 결국 '내가 짊어질 수 있는 가능성의 무게'다. 그러니 두려워하지 말고, 조금씩 움직여 보라.

선택은 길가에 멈춰 있는 사람이 아니라, 그 길을 걸어가는 사람이 내리는 것이다. 지금 서 있는 곳에서 한 걸음 더 내디딘다면, 그 길이 곧 당신의 길이 된다. 그러니 서두르지 않아도 괜찮다. 그 작은 발걸음이 모여, 당신이 꿈꿔왔던 세계로 인도할 것이다.

"큰일은 큰 한 걸음이 아니라,
수많은 작은 걸음에서 시작된다."

간절히 원하면
허락은 무의미하다

"이걸 해도 괜찮을까? 가족이 반대하지 않을까? 주변 사람들은 뭐라고 할까?"

당신의 삶은 당신의 것이다. 무언가를 시작하기 위해 지시나 허락을 기다릴 필요는 없다.

가지가 무성한 아름드리나무를 떠올려 보라. 담장을 넘어 자라날 때 옆집의 허락을 구하지 않는다. 햇볕이 드는 쪽으로 가지를 뻗고, 물을 찾아 땅속을 헤집을 뿐이다. 우리의 의지도 이와 다르지 않다. 남의 끄덕임을 얻기 위한 삶은 결코 내 것이 될 수 없다.

주변의 눈치를 보며 "해도 될까?"라는 질문만 반복

하다 보면, 내가 원하는 길은 점점 멀어져 간다. 중요한 것은 누군가의 허락이 아니라, 자신이 그것을 감당하고 책임질 수 있느냐다. 책임은 곧 자유의 또 다른 이름이다. 그 무게를 온전히 받아들일 수 있다면, 허락은 더 이상 필요치 않다.

삶은 스스로 길을 찾아가는 과정이다. 그곳에서 넘어지기도 하고, 남들과 비교당하며 괴로울 때도 있다. 하지만 내가 선택한 길 위에서라면, 그 고통조차 나답게 살고 있다는 증거다.

그러니 주저하지 마라. 당신이 원한다는 그 자체만으로도, 무엇이 됐든 도전할 이유로 충분하다. 그리고 그러한 도전들이 당신의 삶을 더욱 빛나게 만들어 줄 것이다.

"너의 욕망을 부끄러워하지 마라.
그것이 너를 살아 있게 한다."

행복은
증명할 필요가 없다

행복하다고 느낄 때, 우리는 그 행복을 증명하고 싶어 삶을 더 화려하게 꾸미려 한다. 하지만 남의 인정을 기다리는 삶은, 결국 타인의 기준에 갇힌 행복일 뿐이다.

행복은 누군가에게 보여주는 '결과'가 아니라, 스스로 겪고 극복하는 '과정' 속에서 자라난다. 그곳에는 고통도, 실패도, 흔들림도 있다. 하지만 그 모든 경험이 당신을 단단하게 만들고, 스스로 선택한 삶을 이어가도록 이끈다.

당신이 결정한 삶의 가치를 굳이 세상에 설명하려

너의 삶을 살아라

하지 마라. 행복은 비교와 경쟁으로 증명되는 것이 아니다. 누가 더 행복한가를 겨루는 삶은 남을 흉내 내는 데 그칠 뿐이다.

"오늘의 나는 어제의 나를 조금이라도 넘어섰는 가?" 스스로 선택한 길에서 느끼는 성취와 하루하루 조금씩 나아가는 경험이 진정한 행복을 만든다.

다른 사람의 인정이 없더라도, 세상이 알아주지 않 아도 상관없다. 중요한 것은 타인의 시선이 아니라, 자신이 삶의 방향을 정하고, 그 선택을 책임지며, 한 계를 넘어서는 과정이다.

행복은 증명하는 것이 아니다. 고통과 역경 속에서 도 자신의 삶을 사랑할 수 있다면, 당신은 이미 행복 한 존재다.

"너의 행복은 너 자신에게서 확인되어야 한다."

아무것도 안 해도
괜찮은 하루

어느 아침, 창가에 앉아 커피 한 잔을 들고 멍하니 하늘을 바라볼 때가 있다. 세상은 이런 날을 '게으른 하루'라 부른다.

하지만 삶이 늘 타인의 목표에 맞춰 바쁘게 굴러가야만 하는 것은 아니다. 고독한 창조의 시간은 겉으로는 멈춘 듯 보여도, 그 깊은 곳에서 당신만의 가치를 탄생시킨다.

이런 멈춤은 우리의 의지가 타인의 목소리에서 벗어나 홀로 서는 시간이다. 세상은 게으름을 부끄러운 것이라 낙인찍지만, 그 '게으른 고독' 속에서 오히려

너의 삶을 살아라

더 깊이 사유할 수 있다.

그러니 타인의 잣대로 오늘 하루를 낭비했다고 자신을 탓하지 마라. 이것은 단순한 쉼이 아니라, 마음의 토양을 기름지게 하는 일이다. 이 고독한 멈춤이 있기에 당신은 남이 정한 길이 아닌 자신만의 길을 걸을 수 있다.

고독의 틈은 삶이 숨을 고르는 것이며, 내 안의 세계가 천천히 기지개를 켜는 순간이다. 밤하늘이 어둠 속에서 별빛을 준비하듯, 우리 역시 내일을 위한 시간이 필요하다.

그리고 그 속에서 우리는 진정한 '나(Meister)'와 마주하게 될 것이다.

———

"창조하는 자는 자신의 고독 속에서
침묵할지니."

잘하려 하기보다
나답게 하기

무엇이든 완벽해야 한다는 강박은 팽팽히 당겨진 악기의 현과 같다. 처음엔 맑은 소리를 내지만, 지나친 긴장은 결국 현을 끊어지게 만든다.

그러니 완벽하지 않아도 괜찮다. 삶은 애초부터 모순과 예기치 못한 흔들림으로 가득 차 있다. 우리는 자주 틀리고 여전히 서툴다. 하지만 그 서툰 모습조차도 삶의 자연스러운 일부다.

억지로 잘하려 애쓰기보다, 힘들면 잠시 멈춰 서서 숨을 고르는 여유가 필요하다. 어제보다 못한 오늘일지라도 그 하루를 있는 그대로 소중하게 받아들이는 마음, 이것이야말로 삶을 사랑하는 방법이다.

인생은 매일 조금씩 다른 선을 그려 나가는 풍경화와 같다. 때로는 서툰 손끝에 선이 흔들리기도 하고, 예상치 못한 얼룩이 남기도 한다. 완벽한 선을 그리려 애쓰는 대신, 서툴더라도 나만의 색깔과 선을 마음껏 칠해 보라. 그 과정 자체가 바로 나의 삶이다.

중요한 건 잘하는 게 아니라 나답게 하는 것이다. 남이 정해 놓은 틀에 억지로 나를 끼워 맞추지 말고, 지금의 나를 기꺼이 품어 주자.

실수가 두려워 타인의 길을 좇기보다, 틀릴 것을 각오하고 자신만의 길을 찾는 것. 그것이야말로 진짜 나로 살아가기 위한 첫걸음이다.

―――――

"너의 결핍을 부끄러워하지 마라.
그것이 너를 창조하게 만든다."

기꺼이,
서툰 나로 살아보자

레시피대로 만들었는데도 맛이 어정쩡한 요리를 마주할 때가 있다. 오랜만에 쓴 편지는 줄이 삐뚤고 글씨는 엉망이다. 최선을 다했지만, 결과는 늘 기대에 못 미친다.

하지만 완벽하지 않아도, 그 어정쩡한 맛 속에는 새로운 시도를 해본 용기가 담겨 있고, 삐뚤어진 글씨 속에는 누군가를 향한 진심이 고스란히 묻어 있다.

모든 게 완벽하지 않았어도, 예상치 못한 실수를 했어도, 오늘의 그 경험은 바로 당신의 삶을 채우는 소중한 조각이다. 실수는 내가 여전히 배우고 있다는 증거이고, 서투름은 새로운 것을 시작했다는 긍정의 신호다. 그러니 오늘의 나는 이미 훌륭하다.

삶은 흠 없는 걸작이 아니라, 날마다 덧칠해 가는 그림과 같다. 선을 몇 번 잘못 그었다고 해서 그림을 망치지 않는다. 오히려 의도치 않은 붓 자국이 그림에 독특한 멋을 더하기도 한다.

완벽이라는 목표에 갇혀 매 순간 자신을 채찍질하는 대신, 그저 지금 이 순간의 나를 있는 그대로 바라보자. 실수하고 서투른 모습까지 기꺼이 끌어안을 때, 우리는 완벽을 흉내 내는 고된 삶이 아니라, 지금 이 모습 그대로의 인생을 사랑할 수 있게 된다.

———

"네 안에 혼돈이 있어야만,
춤추는 별을 낳을 수 있다."

나만의 속도로
걸어가도 되는 이유

아침 출근길, 달리는 버스 안에서 누군가는 초조한 얼굴로 시계를 들여다보고, 또 다른 누군가는 음악을 들으며 창밖 풍경을 즐긴다. 같은 하루를 살아도 모두가 똑같은 속도로 움직이지 않는다.

삶의 속도는 언제나 상대적이다. 아무 생각 없이 남이 정한 보폭을 억지로 따라가다 보면 금세 숨이 차고 마음은 지쳐 버린다. 하지만 자신이 정한 속도에 맞춰 걷는다면 주위를 둘러볼 여유가 생긴다.

빠르게 달리던 이들이 지쳐 멈출 때, 묵묵히 자신의 속도를 지켜 온 사람은 오히려 더 멀리 나아갈 수 있다. 그러니 서두르지 않아도 괜찮다. 중요한 건 남과 경쟁하는 것이 아니라, 내가 선택한 속도로 나답게 가는 것이다.

삶은 누가 먼저 도착하는지를 겨루는 시합이 아니다. 각자의 길을 자신만의 방식으로 지나가는 기나긴 여정이다. 너무 서두르다 보면 풍경은 흐려지고, 길 위의 아름다움을 느낄 수가 없다. 하지만 자신의 속도로 인생을 즐기는 사람은 남들이 미처 보지 못한 삶의 소소한 기쁨까지 온전히 누릴 수 있다.

길가에 핀 작은 꽃을 보며 미소 짓고, 스쳐 지나는 바람의 촉감을 느끼고, 따스한 햇살 아래 잠시 숨을 고를 수 있는 여유. 이것이 바로, 자신만의 속도로 살아가는 사람에게 주는 삶의 선물이다.

"사람들은 제각기 자기만의 길을 가야 한다.
네 길은 그 누구도 대신 걸어줄 수 없다."

11

이미
사랑받고 있다

밤하늘의 별은 누군가 바라봐 주기를 애쓰지 않는다. 그저 제자리에 머물며 조용히 빛날 뿐이다. 하지만 어느 순간 고개를 들어 바라본 그 별빛에 우리는 온 마음을 빼앗긴다.

삶도 그렇다. 억지로 보여주려 하지 않아도, 자신이 선택한 길을 걷고 있는 사람은 자연스럽게 주위를 끌어당긴다. 설령 인정받지 못했다고 느끼는 순간조차, 이미 충분히 빛나고 있다.

중요한 것은 남의 눈에 비친 모습이 아니라, 자신이 자신에게 부여하는 가치이다. 그러나 우리는 이

 너의 삶을 살아라

사실을 믿지 못해 흔들린다. 누군가의 날 선 말에 무너지고, 미움받을까 봐 스스로를 감춘다.

밤하늘의 별이 증명하지 않아도 빛을 내듯, 우리도 존재 그 자체로 의미를 가진다. 자신을 사랑하고, 자신의 힘으로 삶을 빚어 나갈 때, 타인의 시선과 비교를 넘어서는 당당한 존재가 될 수 있다.

사랑은 누군가에게 얻어내는 것이 아니다. 당신은 이미 충분히 사랑받는 존재다. 지금 이 순간에도 자신만의 빛으로 세상을 비추고 있음을 스스로 믿어야 한다.

"자신을 사랑하는 법을 배우지 못한 자는
타인을 사랑할 수 없다."

12

작아 보이지만,
작지 않은 나

손바닥만 한 화분 속 꽃도 제 계절을 잊지 않는다. 좁은 흙 속에 뿌리를 깊게 내리고, 결국 작은 공간을 향기로 가득 채운다. 비록 처음엔 보잘것없어 보이지만, 그 안에 깃든 생명력은 누구도 얕볼 수 없다.

우리의 삶도 그렇다. 세상의 눈으로 보면 내 세계는 작고 초라해 보일 수 있다. 직업, 성취, 물질적 조건은 늘 남이 가진 것이 더 커 보인다. 하지만 작다고 해서 약한 것은 아니다.

씨앗이 땅을 가르고, 불씨가 어둠을 몰아내듯, 가장 작은 것에서 가장 큰 힘이 만들어진다. 내 세계가

너의 삶을 살아라

겉보기에 작아 보여도, 그 안에는 오랜 시간 쌓아온 나만의 경험과 믿음이 담겨 있다. 이 믿음이 단단해지면, 거센 바람이 불어도 쉽게 무너지지 않는다.

그러니 세상이 정한 크기로 나를 판단할 필요는 없다. 중요한 건, 남의 눈에 얼마나 커 보이냐가 아니라, 스스로 자신의 세계를 얼마나 신뢰하느냐다. 남에게 보잘것없어 보일지라도, 그 작은 세계 안에서 나는 울고, 웃고, 숨 쉬며 다시 일어선다.

삶은 크기보다 깊이가, 속도보다는 방향이 더 중요하다. 그러니 비록 남들보다 작을지라도, 내 삶은 절대 작지 않다.

"내가 왜 이렇게 지혜로운가?
나는 자신을 믿기 때문이다."

잠시 멈춰,
다시 세상을 마주하다

하루에도 수많은 일들이 몰려온다. 예상치 못한 사건에 평온하던 일상이 순식간에 흔들릴 때가 있다. 맑던 하늘에 갑자기 먹구름이 몰려오듯, 삶은 언제든 우리를 뒤흔들 준비가 되어 있다.

예상치 못한 폭풍우가 몰아칠 때 우리에게 필요한 것은 마음의 쉼터다. 그곳에서 숨을 고르고, 흔들린 마음의 중심을 되찾아야 한다. 복잡한 일들을 잠시 잊고, 혼란한 마음을 다스릴 자신만의 방법을 만들어라.

하지만 그곳이 현실을 회피하는 은신처가 되어서는 안 된다. 무너진 마음을 회복하고, 세상과 맞서 싸울

너의 삶을 살아라

수 있는 새로운 힘을 길러주는 곳이어야 한다.

자신만의 안식처를 가진 사람은 삶의 폭풍에 무너지지 않는다. 그곳에서 잠시 쉰 후, 다시 세상으로 나아가면 된다.

삶이 두려워졌다면, 지금 당장 자신만의 쉼터를 만들어라. 그곳은 당신이 마주할 시련 속에서, 흔들리지 않는 내면의 방패가 되어 줄 것이다.

———

"너의 영혼 속 깊은 성채를 세워라.
그곳은 누구도 무너뜨릴 수 없다."

나답다는 말을
다시 정의하기

옷장을 열면 옷은 가득한데, 정작 입고 싶은 옷이 없을 때가 많다. 누군가의 권유로 샀던 옷이지만, 막상 입으려 하면 어색하기만 하다.

'나다움'이라는 말도 그렇다. 사회가 권하는 모습, 남이 좋아하는 성격들을 차례로 걸치다 보면, 정작 나에게 맞는 옷이 보이지 않는다. 남들이 좋아하는 옷을 입고 사는 동안, 나는 점점 사라져 버렸다.

그렇다고 제멋대로 살라는 말은 아니다. 나답게 산다는 건 자신의 장단점을 세심하게 다듬는 일이다. '나다움'은 처음부터 주어진 것이 아니라, 끊임없이

너의 삶을 살아라

고쳐 쓰는 삶의 문장과 같다.

나다움을 이유로 때로는 실패할 수도 있고, 엉뚱한 길에서 헤맬 수도 있다. 그러나 그 길을 스스로 선택했다면, 그것이 바로 나다움의 시작이다. 남들이 뭐라고 하든 내가 선택한 그 길을 걷고 있다는 사실이 중요하다.

그러니 더 이상 '나다움'을 찾아 헤매지 마라. 오늘 아침, 어떤 옷을 입을지, 어떤 차를 마실지, 어떤 음악을 들을지를 스스로 선택했다면, 당신은 이미 '나답게' 살고 있다. 그 모든 선택이 당신을 '당신답게' 만들어 줄 테니까.

"되어야 할 너 자신을 끊임없이 창조하라."

15

'무엇'을 할지보다
'어디로' 갈지가 중요하다

가끔 정신을 차려보면 낯선 풍경 속에 서 있는 자신을 발견한다. 분명 열심히 달려왔는데, 정작 내가 어디에 있는지조차 알 수 없다. 누군가의 뒤를 따라가면 잘될 거라 믿었지만, 어느새 눈 앞엔 알 수 없는 발자국만 무수히 남아 있다.

삶의 방향을 잃었을 땐, 잠시 멈춰 서도 좋다. 멈춤은 지금 내가 어디에 있는지, 무엇을 잃어버렸는지를 확인할 수 있는 아주 중요한 시간이다.

자신의 모습에 확신이 서지 않는다면 지금 서 있는 길에서 천천히 벗어나 보자. 익숙한 곳을 떠나는 일은 두렵지만, 그 결정이 삶의 방향을 바꾸는 시작이 될 수 있다.

지금 당장 무엇을 하느냐보다 어디를 향할지 고민해야 한다. 남이 먼저 걸어간 길 위에서 그들의 흔적을 쫓기보다, 차라리 아무도 지나가지 않은 새로운 길을 선택해 보는 것도 나쁘지 않다.

누군가의 뒤를 쫓는 삶은, 결국 스스로를 길 잃은 여행자로 만든다. 그러니 잠시 멈춰 서서, 마음이 이끄는 방향을 찾아라. 내 삶은 내가 걷는 만큼 빛나고, 내가 선택한 만큼 의미가 있다.

앞으로 걸어갈 그 길의 끝에 무엇이 있든, 마지막 순간 우리는 이렇게 말할 수 있을 것이다.

"나는 내가 걷고 싶은 길을 걸어왔노라."

"길은 아무도 만들어 주지 않는다.
오직 내가 걸어갈 때 비로소 길이 된다."

16

멈춰 선 당신에게
필요한 질문

정신없이 반복되는 하루를 버티다 보면, 삶이 어디를 향해 가고 있는지 신경 쓸 겨를이 없다. 결국 해야 할 일들은 산더미인데, 정작 '왜' 하고 있는지 잊어버린다.

매일 반복되는 일상과 당연하다고 믿고 있던 습관들이 어느새 보이지 않는 울타리가 되어 자신을 옥죈다. 우습게도 나를 가두는 것은 세상이 아니라, 익숙함에 취해 의심하지 않는 나 자신이다.

"지금의 나는, 진짜 원하는 삶을 살고 있는가?" 이 물음은 삶의 치열함에 갇혀 멈춰 있는 나를, 다시 움직이게 만드는 열쇠다.

삶은 누군가에 의해 주어진 길이 아니라, 매 순간의 선택이 만들어 내는 예측할 수 없는 궤적과 같다. 똑같은 현실 속에서도 삶을 마주하는 모습에 따라, 절망은 희망이 되고, 과거의 상처는 새로운 시작의 밑거름이 된다.

중요한 것은 사건 그 자체가 아니라, 그것을 받아들이는 각자의 태도다. 그러니 타인이 아닌 자신의 의지로, 과거의 후회가 아닌 지금의 선택을 통해 앞으로 나아가라.

당장 어디로 가야 할지 모르겠다면 삶의 속도를 조금 늦추면 된다. 정해진 답은 없다. 인생은 자신의 선택을 믿고 끊임없이 써 내려가는 기나긴 여정일 뿐이다.

———————

"너 자신의 길을 가라"

“너는 타인 속에서
네가 누구인지 배운다.”

Part 2

관계 속에서
길을 찾는다

17

좋은 사람이 되려다
나를 잃다

누구나 '좋은 사람'이라는 말을 듣고 싶어 한다. 때로는 힘들더라도 남을 배려하고 그들의 기대에 부응하려 노력한다. 그러나 이러한 마음이 지나치면, 어느 순간 남의 시선을 기준으로 스스로를 판단하게 되고, 결국 자기 자신의 목소리를 잃게 된다.

남의 기대를 채우는 데 익숙해질수록 내면의 힘은 희미해지고, 내가 원하는 삶은 점점 뒤로 밀린다. 타인의 기준에 맞춰 움직이는 삶은 언뜻 온화하고 성숙해 보이지만, 사실은 자기 자신에게서 멀어지는 과정일 때가 많다.

따라서 '좋은 사람'이 되려는 마음보다 자기 삶의 중심에 바로 서려는 의지가 더 중요하다.

스스로를 돌보는 일은 이기심이 아니라, 자신을 잃지 않기 위한 가장 근본적인 힘이다. 자기 안의 에너지가 충분히 채워져 있을 때, 타인에게 진심 어린 마음을 건넬 수 있다.

남의 기대를 충족시키려는 선함은 오래갈 수 없지만, 자신의 마음을 지키는 힘에서 비롯되는 선함은 쉽게 사라지지 않는다.

타인의 기준에 휘둘리는 삶보다, 내면의 온기를 먼저 지키는 삶을 택하자. 그럴 때 비로소 당신의 선함은 자연스럽게 스며드는 따스함이 되어 오래도록 주변을 감쌀 것이다.

———

"자신에게 충실하라.
그대의 진정한 스승은 그대 자신이다.

18

진짜 모습을 드러낼
용기를 가져라

살아가다 보면 수많은 가면을 쓰게 된다. 마음속 표정을 감추고, 남의 시선을 의식하며 다양한 가면으로 감정을 숨긴다. 하지만 오래지 않아 그 가면이 오히려 주인을 잡아먹고 결국 나는 나를 잃어버린다.

주변인의 시선에 삶이 지배당하는 사람은 결코 자기 인생을 온전히 살아갈 수 없다. 자신의 삶 속에서조차 영원한 조연으로 머물 뿐이다. 그러다 어느 순간, 단 한 번도 삶의 주인공이었던 적이 없었음을 깨닫게 될지 모른다.

있는 그대로의 모습을 누군가에게 보여주는 일은

쉽지 않다. 하지만 용기를 내어 드러낼 수 있다면 자신만의 삶이 무엇인지 스스로 깨닫게 될 것이다.

그러나 되찾은 삶의 무대가 완벽하리라 기대하지는 마라. 조명이 어두울 수도, 바닥이 거칠 수도 있다. 하지만 괜찮다. 웃을 때도, 울 때도, 힘들어 주저앉을 때조차 그 무대의 주인공은 다른 누가 아닌 바로 '나'이기 때문이다.

자신의 진짜 모습을 기꺼이 드러낼 용기를 가져라. 그 용기가 당신을 진정한 삶의 주인공으로 만들어 줄 테니.

"사람은 자기 자신을 넘어설 용기를 가질 때
비로소 자유로워진다."

19

"아니요."라고
말하기

누군가의 부탁에 마지못해 고개를 끄덕인 적이 있다. 실은 싫다고 말해야 했는데, 그 한마디를 꺼내지 못해 후회하곤 한다. 이렇듯 원만한 관계를 위한 작은 양보들이 어느 순간 삶을 지치게 만든다. 마치 종이 위에 글씨를 계속 덧쓰듯, 처음엔 버텨보려 하지만 결국 견디지 못하고 찢어질 뿐이다.

거절하지 못한 마음의 밑바닥엔 두려움이 깔려 있다. 미움받을까 봐, 관계가 틀어질까 봐, 당신은 언제나 걱정한다. 당신의 그 두려움이 '선함'이라는 포장에 싸여, 삶을 힘들게 만들도록 허락하지 마라.

너의 삶을 살아라

진정한 선함은 필요할 때 분명하게 "아니요."라고 말할 수 있어야 한다. 적절한 거절은 상대를 공격하는 칼이 아니라, 서로의 삶을 지켜주는 방패와 같다.

멈춤의 신호가 있어 교차로가 혼란스럽지 않듯, '아니요'라는 단어가 때론 삶을 더 유연하게 만들어 준다. 진실함에서 비롯된 '아니요'는, 상대와 나를 함께 배려하는 따뜻한 거절의 표현이 될 수 있다.

"사람은 자기 자신을 지킬 줄 알아야 한다.
그래야만 다른 것들을 지켜낼 수 있다."

20

사랑에도
'틈'이 필요하다

아름다운 꽃을 보고 가까이 다가갔다가 강렬한 향기에 놀라 물러설 때가 있다. 하지만 약간의 거리를 두고 바라보면, 은은한 향과 함께 꽃의 아름다움은 더욱 선명해진다.

사랑도 그렇다. 가까움이 전부라 믿으며 함부로 다가가다 보면, 오히려 서로를 다치게 만든다.

흔히 둘이 하나가 되는 것을 사랑이라 말하지만, 하나를 강조하다 보면 정작 둘 다 자신의 본모습을 잃어버리게 된다. 모든 것을 상대에게 맞추려는 일방적인 사랑은 얼마 가지 못해 사그라질 뿐이다.

그러니 사랑에도 적당한 거리가 필요하다. 서로의 삶을 인정해 주는 여유는, 살짝 열린 창을 통해 불어오는 바람처럼 두 사람의 관계를 부드럽게 만든다.

서로의 차이를 자연스럽게 받아들인다면, 우리는 더 오래, 더 깊이 누군가를 사랑할 수 있다. 서로 다른 둘이 각자의 빛을 잃지 않은 채 나란히 빛나는 것, 이것이 사랑의 또 다른 이름이다.

———

"소유하려 할수록 사랑은 줄어든다."

21

바꾸려는 집착에서
벗어나기

이야기를 나누다 보면, 상대가 반응하지 않아 답답한 경우가 많다. 내 말에 공감해 주길 바랐는데 모른 척 화제를 바꿔버리면, 억지로라도 고개를 끄덕이게 만들고 싶어진다.

하지만 내가 옳다는 확신은 종종 상대가 자기 생각을 꺼내지 못하게 만든다. 그 순간 대화는 자연스런 주고받음이 아니라, 상대를 억누르며 밀어붙이는 대결로 변하고 만다.

사람은 결코 몇 마디의 말로 바꿀 수 있는 대상이 아니다. 짧은 대화를 통해 누군가를 변화시키려 한다

너의 삶을 살아라

면, 오히려 자신의 빈약함만 드러날 뿐이다.

진짜 강한 존재는 상대를 억압하려 하지 않는다. 타인의 세계를 존중하며, 자신이 그를 어떻게 바라봐야 할지 선택할 뿐이다. 이 선택이야말로 한 인간이 가질 수 있는 가장 주체적인 행동이다.

자기 삶을 올곧게 세운 사람만이 타인의 삶을 기꺼이 존중할 수 있다. 오늘 누군가를 만나게 된다면, 그 사람의 삶을 인정하며 대화를 시작해 보라. 관계의 핵심은 상대를 '변화'시키는 것이 아니라, 상대를 온전히 '존중'하는 데 있다.

"사람을 바꾸려는 믿음은
인간의 운명을 무시하는 행위이다."

22

배려는
솔직함에서 시작된다

누군가와 함께한다는 것은 생각보다 쉽지 않다. 처음에는 마음이 잘 맞는 듯 느껴지지만, 시간이 지날수록 서로 다른 면이 점점 드러난다. 거기에 상대의 불편한 요구가 더해지면 조금씩 마음이 무거워진다.

한동안 함께한다는 사실만으로도 즐거웠을지 모른다. 하지만 어느 순간, 양보를 당연하게 받아들이는 상대의 모습에 점점 실망하게 될 뿐이다.

이럴 때 필요한 것은, 자신의 진짜 감정을 솔직히 전하는 일이다. "나는 이게 불편했다", "나는 이런 게 좋았다"처럼, 상대에게 느끼는 감정을 그대로 말할 수 있어야 한다. 마치 먼지를 털어내듯, 마음속에 부정적인 생각이 쌓이기 전에 서로 진솔한 대화를 나눌 필요가 있다.

배려란 누가 더 많이 참았는지, 누가 더 잘 맞춰 었는지의 문제가 아니다. 서로의 다름을 인정하고, 함께할 수 있는 마음의 크기를 천천히 넓혀 가는 일이다. 상대를 바꾸려고 애쓰기보다는, 자기 생각을 상대방에게 보여주는 것이 먼저다.

하지만 그보다 더 중요한 것은 절대 스스로를 배신하지 않는 일이다. 자신의 감정을 속이고 상대를 기쁘게 하려는 순간, 나는 점점 사라진다. 그리고 결국 자신의 진짜 감정을 잃어버리게 된다.

감정을 표현하는 것이 쉽지 않겠지만, 자신을 솔직히 내보이는 것이야말로 나를 나답게 하는 가장 숭요한 힘이다.

"자신을 잃는 것보다 더 큰 배신은 없다."

23

진심은
전하는 순간 완성된다

마음을 담은 메시지를 보냈는데 답장이 오지 않을 때가 있다. 그때부터 관심은 온통 상대의 반응에 사로잡힌다. 그러나 진심을 전한다는 건, 마음을 솔직하게 드러내는 과정일 뿐, 내 뜻대로 상대를 움직이려는 강요가 아니다.

내가 건넨 말과 행동은 이미 그 자체로 충분한 의미가 있다. 하지만 상대의 반응까지 내가 원하는 대로 바꾸려 할 때, 그것은 집착이 된다.

진심이란 무언가를 억지로 요구하는 것이 아니라, 내 바람이 자라나기를 기다리는 믿음이다. 내가 건넨

너의 삶을 살아라

마음은 작은 씨앗과 같다. 씨앗이 뿌려진 순간, 나의 진심은 이미 제 역할을 다한 것이다.

언제 싹이 틀지, 어떤 꽃이 피어날지는 알 수 없다. 내가 할 일은 그곳에 햇살과 물을 건네며 조용히 기다리는 것이다.

진심을 전하되, 반응까지 움켜쥐려 하지 말자. 집착이 사라지면 마음은 가벼워지고, 더욱 자유로워질 것이다.

─────────

"우리는 타인을 지배할 수 없다.
바꿀 수 있는 것은
오직 우리 자신의 태도뿐이다."

24

자기 자신부터 먼저,
이해하라

누군가 내 마음을 알아주길 바라는 건, 자연스러운 일이다. 그러나 나를 온전히 이해해 줄 사람은 많지 않다. 가장 가까운 이조차 내 마음속 깊은 곳까지는 닿지 못한다.

외로움에 지쳐 위로받고 싶은 마음이 커질수록 서서히 타인의 관심에 의존하게 된다. 그 결과, 바람 부는 대로 떠밀리는 작은 배처럼, 삶은 주위 흐름에 쉽게 휩쓸린다. 외로운 당신에게 필요한 것은 누군가의 상투적인 위로가 아니다. 오히려 웅크리고 있는 자신과 솔직하게 마주하는 일이다.

자신의 빛나는 부분뿐만 아니라, 감추고 싶은 어두운 그림자까지 스스로 받아들일 수 있어야 한다. 자신이 가진 모든 것을 부정하지 않고 끌어안을 때, 비로소 자신의 본모습과 온전히 만날 수 있다.

자기 모습에 솔직한 사람은 자신만의 독특한 향기를 지니게 된다. 그 향기는 굳이 노력하지 않아도 다른 이의 마음에 스며든다.

세상은 끊임없이 변하지만, 자신의 내면을 볼 수 있는 이는 결코 길을 잃지 않는다. 위대한 삶은 언제나 '밖'이 아니라, '안'을 바라보는 사람에게 주어진다. 그리고 그 시선이 머무른 자리에, 마침내 가장 '나'다운 향기가 피어날 것이다.

―――――

"네가 찾는 진리는
밖이 아니라 이미 네 안에 있다."

25

우정에도
계절이 있다

우정은 늘 영원할 것처럼 느껴진다. 함께 걷던 날들 속에서, 우리는 그 시간이 끝나지 않을 거라 믿는다. 그러나 세월은 조금씩 틈을 만들고, 어느새 서로의 발걸음은 다른 방향을 향한다. 그렇다고 너무 서운해할 필요는 없다. 단지 삶이 우리를 다른 길로 이끈 것뿐이다.

우정의 끝맺음은 삶의 자연스러운 흐름이다. 꽃잎이 져야 열매가 맺히듯, 사람과의 관계에도 계절이 있다. 피어날 때는 눈부시게 아름답지만, 때가 되면 조용히 물러나야 한다. 놓아야 할 때를 알고 받아들이는 것, 이것이 바로 성숙이다.

끝이 아쉽다는 건, 우리의 시간이 그만큼 소중했음을 의미한다. 함께 웃고 울던 기억이 있었기에 지금의 내가 있고, 그 순간들은 여전히 내 안에 따뜻하게 살아 있다. 모든 우정이 영원할 수는 없다. 중요한 건, 그 시간 동안 서로에게 얼마나 진심이었는가이다.

그러니 아쉬워하지 마라. 멀어진 인연은 사라진 것이 아니라, 내 삶의 한 장을 고스란히 채운 이야기로 남아 있다. 우정에도 계절이 있다는 사실을 받아들이는 순간, 우리는 새로운 만남을 향해 다시 마음을 열 수 있다.

"끝남을 두려워하지 마라.
그것이 있었음이 이미 너를 풍요롭게 했다."

26

기대를 내려놓을 때,
비로소 보이는 것들

주변의 누군가를 바라볼 때, 마음 한구석에는 늘 크고 작은 기대가 자리한다. 내 말을 이해해 주길, 내가 건넨 마음만큼 돌려주길. 하지만 그 바람은 쉽게 채워지지 않는다. 결국 상처받은 우리는 상대와 거리를 두게 된다.

사실 이러한 상처는 혼자만의 기대에서 비롯된다. 일방적인 기대는 실체 없는 마음의 그림자일 뿐이다. 이제 그 그림자를 내려놓아야 한다. 상대를 향한 불필요한 시선을 덜어낼 수 있다면 마음은 한결 가벼워질 것이다.

상대의 반응을 기대하지 않을 때, 가벼운 말 한마디에도 웃을 수 있고 작은 배려에도 감사할 수 있다.

서로를 향한 불필요한 기대가 사라진 자리엔 작은 깨달음이 찾아온다. 순간순간 마음을 짓누르던 불편함은 사실, 내가 스스로 불러온 것이었음을, 타인을 향한 무의미한 기대가 마음을 억누르고 있었음을.

오늘 하루, 주변을 있는 그대로 바라보라. 억지로 맞추려 애쓰지 않아도, 무언가를 더 기대하지 않아도, 이대로의 너와 나로 이미 훌륭하다.

———

"너를 실망하게 하는 것은
사람이 아니라, 네가 쥐고 있던 기대다."

27

진짜 힘은
내 안에 있다

때때로 우리는 강한 모습으로 살아가려 한다. 그러나 흠 없는 사람처럼 보이려 애쓸수록, 하루하루가 점점 버거워진다. 억지로 참기보다 "오늘은 힘드네."라고 스스로에게 솔직히 말해 보자.

연약함은 숨겨야 할 결점이 아니다. 그것은 자기 자신을 이해하고 성장의 길로 나아가게 만드는 하나의 통로일 뿐이다.

물론 자신의 부족함을 인정하는 일은 쉽지 않다. 하지만 모양이 다른 퍼즐 조각이 맞물려 하나의 그림이 완성되듯, 자신 안의 결점과 장점이 함께 어우러질 때, 우리는 비로소 온전한 나로 설 수 있다.

삶이 힘들 때 마음을 지탱해 줄 누군가가 곁에 있다는 것은 축복이지만, 타인의 도움이나 위로는 일시적일 뿐이다. 진짜 위대한 힘은 언제나 자기 자신 안에 있음을 잊지 말아야 한다.

"가장 큰 힘은 연약함을 숨기지 않는 데 있다."

28

나의 계절은
지금, 여기

휴대폰 화면 속 세상은 언제나 화창하다. 친구는 바다 건너 여행을 떠났고, 동창은 웃음 가득한 가족 사진을 올린다. 그것이 그들의 삶 전부가 아님을 알면서도, 그 풍경에 나를 겹쳐 보며 쓸쓸함을 느낀다.

시선은 점점 바깥을 맴돌고, 내 목소리는 자꾸 작아진다. 남보다 앞서야 한다는 조급함에 자신을 쉼 없이 몰아세운다. 하지만 남과의 비교 속에서는 결코 행복을 찾을 수 없다. 행복은 지금 내가 있는 자리에, 나답게 존재할 때 느낄 수 있다.

그 길이 볼품없어 보여도 괜찮다. 그곳은 내 숨결

너의 삶을 살아라

과 흔적이 스며든 나의 자리이기 때문이다. 인생은 계절처럼 흘러간다. 누군가는 이미 봄꽃을 피웠고, 또 다른 누군가는 여름의 햇살을 만끽하고 있다. 하지만 지금의 나는, 겨울을 지나고 있을지도 모른다.

그렇다고 겨울이 실패를 의미하는 것은 아니다. 차디찬 눈 속에서도 뿌리는 깊게 뻗어나가고, 얼음 아래 물줄기는 멈추지 않고 흐르고 있다.

그러니 남의 풍경을 부러워하며 시간을 흘려보내지 마라. 다른 이의 계절을 바라보던 눈길을 거두고 자신의 시간을 소중히 여겨야 한다. 나의 계절은 바로 지금, 이 순간이다.

"남의 행복에 대해서 너무 많이 생각하는 것은, 자신의 불행에 대해서 너무 많이 생각하는 것이다."

29

타인의 손을 놓고,
나의 길을 걷다

겉으로는 다정해 보여도, 마음이 불편해지는 친절이 있다. "한번 해보라니까"라는 말은 때로는 강요로 다가온다. 그 안에는 타인의 삶을 간섭하려는 의도가 스며 있다.

대개 친절은 선한 것으로 여겨지지만, 모든 친절이 우리에게 도움이 되는 것은 아니다. 보기에 예쁘다는 이유로 맞지 않는 신발을 억지로 권하는 것처럼, 어떤 친절은 오히려 우리의 삶을 힘들게 만든다.

따라서 무례한 친절에 휘둘려서는 안 된다. 조언은 조언일 뿐, 내키지 않는다면 굳이 받아들일 필요가

 너의 삶을 살아라

없다. 타인의 목소리에 흔들리지 말고, 자신의 기준
에 따라 신중하게 판단해야 한다.

참된 조언은 상대가 스스로 삶을 결정할 수 있도록
조용히 등불을 밝혀 주는 역할에 머문다. 그러니 자
신의 인생을 함부로 남의 손에 맡기지 말아야 한다.
조언과 강요를 구별하는 눈을 길러야만 자신의 삶을
더욱 가치 있게 살아갈 수 있다.

"가장 교묘한 지배는 친절의 얼굴을 하고 온다."

30

상처를 인정해야
다시 시작할 수 있다

사람들은 마음의 상처를 무거운 짐처럼 여기며 애써 덜어내려 한다. 하지만 상처를 억지로 지워버리려는 시도는 결국 자신의 본모습을 감추는 나약한 도피에 불과하다.

그렇기에 그 짐을 피하지 않고 정면으로 마주하여, 기꺼이 짊어질 수 있어야 한다. 과거의 모든 순간을 지금의 내가 인정하고 책임질 수 있다면, 삶을 이끌어 갈 가장 강력한 힘을 얻게 될 것이다.

놓아버린다고 해서 사라지는 것은 없다. 중요한 것은 짐을 덜어내는 일이 아니라, 그 무게를 견딜 수 있도록 자신을 강하게 단련하는 일이다.

살아오며 겪은 모든 일—기뻤던 일, 슬펐던 일, 후회스러운 일—이 지금의 '나'를 만들어 냈다. 삶은 우리에게 끊임없이 상처를 남기지만, 오히려 그 상처가 바로 '나'라는 존재를 증명해 주는 흔적이다.

누구나 고통을 피하고 싶어 한다. 하지만, 삶은 고통을 피하려는 순간이 아니라 감당하려는 결심 속에서 새롭게 태어난다. 그리고 지나온 모든 고통을 끌어안은 사람만이, 비로소 삶의 위대한 주인이 될 수 있을 것이다.

"나는 더 이상 삶의 추함과 싸우지 않겠다.
비난하지 않겠으며, 비난하는 자조차
비난하지 않겠다."

31

비워야 비로소
나를 만난다

사람들과 함께 있어도 외로움이 밀려올 때가 있다. 웃고 떠들며 어울리지만, 정작 그 속에 나는 없다. 겉으론 가까워 보여도, 마음은 멀리 떨어져 있기 때문이다.

우리가 바라는 건 단순한 친분만이 아니라, 마음과 마음이 닿는 진짜 인연일 것이다. 이러한 인연은 서로의 모습을 있는 그대로 받아들이는 데서 시작된다. 겉치레가 아닌 진심 어린 존중과 따뜻한 시선이 그 바탕이 되어야 한다.

빈 껍데기 같은 만남을 억지로 붙잡고 있는 건, 메

마른 우물에서 목을 축이려는 것과 같다. 결국 남는 것은 채울 수 없는 갈증과 실망이다.

때론 허울뿐인 관계를 과감히 정리하려는 냉정한 결단이 필요하다. 그 결정으로 인해 잠시 외로울 수 있다. 하지만 걱정할 필요는 없다. 잠깐의 허전함은 다시 채워질 삶의 여백일 뿐이니.

당신이 힘들게 비워 낸 그곳에, 당장 다른 누군가가 찾아오지 않더라도 실망하지 마라. 지금 당신에게 중요한 것은, 삶의 여백 속에서 자신을 단단히 세우는 흔들리지 않는 마음이다.

"혼자 있음이 고독이 아니라,
거짓 관계가 고독을 만든다."

32

말로 풀 수 없다면
놓아도 괜찮다

모든 다툼이 말로 해결되는 것은 아니다. 아무리 대화를 나눠도 이해할 수 없고, 오히려 마음의 상처를 키우는 경우가 있다. 억지로 관계를 이어가려 하면, 결국 다치는 건 상대가 아닌 자기 자신이다.

인간의 말에는 닿을 수 있는 한계가 있다. 마음이 닫힌 사람에게는 어떤 진심도 전해지지 않는다. 그런 순간엔, 말보다 침묵이 더 깊은 의미가 있다.

억지로 이해를 구하지 않아도 괜찮다. 오해가 풀려야만 관계가 회복되는 것은 아니니. 대화로 풀 수 없는 순간이 찾아오면, 오히려 그 침묵이 서로를 지켜

너의 삶을 살아라

주는 시간이 된다.

말이 멈춘 그 자리에서, 우리는 자기 자신과 마주해야 한다. 상대가 아닌 '나' 자신이 어떤 감정에 흔들렸는지를 똑바로 바라보아라.

침묵은 궁극적으로 스스로를 위한 선택이다. 묵은 상처를 의미 없이 덮어 버리는 것이 아니라, 그 상처를 발판 삼아 더 성숙해질 수 있는 시간이 될 것이다.

가치 있는 침묵은 결국, 말로는 닿을 수 없는 자신과의 깊은 대화다.

"사람은 자신에게 더 이상 도움이 되지 않는
관계를 떠날 용기를 가져야 한다.
그것은 냉정함이 아니라 자유나."

33

"죄송합니다."가
버릇이 된 당신에게

어떤 이들은 사소한 일에도 습관처럼 "죄송합니다."라는 말을 입에 달고 산다. 민폐가 되어선 안 된다는 생각에, 마치 자신의 존재가 누군가에게 짐이라도 되는 듯 늘 고개 숙인다.

하지만 이런 불필요한 사과는 상대를 배려하는 것이 아니라, 오히려 자신을 위축시킨다. 과도한 사과는 쓸데없는 죄책감만 키울 뿐이다.

살아남기 위해 자신을 낮춰야 한다는 강박을 이제 그만 내려놓자. 습관적인 사과보다는 진심 어린 태도가 더 중요하다. 먼저 자신을 존중할 때, 상대 또한

 너의 삶을 살아라

편안한 마음으로 나의 배려를 받아들일 수 있다.

작은 일에도 "죄송합니다."라는 말이 먼저 떠오른다면, 대신 "고맙습니다."라고 말해 보자. 사과를 감사의 언어로 바꾸는 것만으로도 어색했던 분위기는 부드러워진다.

자신을 존중하는 것은 사려 깊은 말과 행동으로 상대와 나를 함께 배려하는 마음에서 시작된다.

———

"너를 작아지게 하는 겸손은
미덕이 아니라 족쇄다."

34

인연의 깊이를 결정하는 것은 시간이 아니다

살다 보면 수많은 얼굴이 우리 곁을 스쳐 간다. 잠시 다가왔다가 지금은 사라져 버린 이들도 많다. 하지만 비록 짧은 인연일지라도, 그 만남이 헛된 것은 아니다.

그중 어떤 이는 멈춰 있는 나를 흔들었고, 그 흔들림 속에서 나는 조금씩 다른 모습으로 성장했다. 눈부시게 다가와 그 강렬함으로 내 안의 잠들어 있던 가능성을 깨운 이도 있다.

때로는 오래 곁에 머문 사람보다, 짧은 순간이지만 내 안의 무언가를 움직인 사람이 더 깊은 흔적을 남긴다.

누군가 늘 내 곁에 있어 주는 건 큰 축복이다. 하지만 가끔 스쳐 지나가는 인연이 나를 더 넓은 세계로 이끌기도 한다. 불꽃 같은 순간일지라도, 그 만남이 내 안의 어둠을 밝혀 주었다면 그것만으로 족하다.

인연의 깊이를 결정하는 건, 머무름의 시간이 아니라 그 만남이 나를 얼마나 성장시켰는가에 달려 있다. 결국 삶을 살아가는 것은 인연을 통해 새롭게 태어나는 나 자신일 테니까.

"나는 나를 변화시키는 이들을 사랑한다.
그들은 내 영혼에 불을 붙인다."

35

자신을 사랑하지 않는 사람은 쉽게 부서진다

사랑을 말할 때 우리는 흔히 '나를 사랑해 줄 사람'을 찾는다. 그러나 정작 그 사람이 자기 자신을 어떻게 대하고 있는지는 보지 않는다.

자신을 사랑하지 못하는 이의 사랑은 쉽게 흔들린다. 내면의 빈자리를 채우기 위해 사랑을 의존이나 집착으로 바꿔 버리기 때문이다.

스스로를 사랑하지 못하면, 상대를 향한 마음도 온전할 수 없다. 마치 금이 간 그릇에 담긴 물이 새어 나가듯, 자기 부정 위에 세운 사랑은 오래가지 못한다. 사랑은 흘러넘치는 힘이어야 하며, 자신의 부족함을 메우기 위한 수단이 되어서는 안 된다.

사랑은 나의 모습을 있는 그대로 받아들이는 데서 시작된다. 자신의 삶을 존중할 때, 비로소 상대의 삶도 온전히 존중할 수 있다. 오랫동안 사용한 의자처럼, 스스로를 편안히 품은 사람만이 다른 사람을 진심으로 사랑할 수 있다.

누군가를 행복하게 해주고 싶다면, 먼저 자신을 사랑하는 법을 배워야 한다. 이것이 성숙한 사랑의 출발점이자, 두 사람이 함께 걸어갈 길을 여는 첫걸음이다.

"자신을 사랑하지 못하는 자는
남을 사랑할 수도 없다."

"자신의 감정을 부끄러워하지 마라.
그것들은 네가 살아 있다는 증거다."

Part 3

감정과
친해지는 법

36

분노는 '지금'이 아니라 '그때'에서 온다

누군가의 말 한마디에 감정이 격해지며 갑자기 화가 날 때가 있다.

"왜 가만히 있는 사람을 건드려!"

그러나 상황을 조금 더 들여다보면, 그 분노의 뿌리가 지금이 아닌 지나간 시간에 있음을 알게 된다. 실제 감정을 움직인 것은 방금 일어난 일이 아니라, 가슴 깊이 묻어 둔 오래된 상처였다.

같은 상황에서도 누군가는 웃어넘기고, 누군가는 견딜 수 없을 만큼 화를 낸다. 이러한 차이를 만드는 것은 개인의 성격이 아니라, 각자가 받아들인 상처의 기억이다.

하지만 모든 분노를 기억의 탓으로 돌릴 수는 없다. 그러니 쇠를 두드려 단단하게 만들듯, 과거의 기억과 상처를 정면으로 마주하며 다듬어야 한다.

과거의 기억을 다스리기 위해서는 '지금'의 내가 아닌 '그때'의 나와 맞서야 한다. 상처 입은 나무가 시간이 지나 단단한 옹이를 만들어내듯, 그 아픔을 극복해 낸다면 상처의 흔적은 더 이상 약점이 아닌 삶을 지탱하는 든든한 버팀목이 되어 줄 것이다.

"분노는 적이 아니라,
너의 가장 깊은 상처가 변장한 모습이다."

37

슬픔의 그늘이
삶을 깊게 만든다

사람들은 슬픔을 약함으로 여기며 감추려고만 한다. 웃는 얼굴만 보여야 한다는 강박 속에서, 눈물은 지워지고 한숨은 마음속 깊이 묻힌다.

하지만 슬픔은 억누른다고 사라지지 않는다. 오히려 마음을 무디게 해, 기쁨마저 희미하게 만들어 버린다.

슬픔은 삶의 적이 아니다. 비가 내린 뒤 흙이 단단해지고 꽃이 더욱 화사해지듯, 슬픔은 우리 삶을 더욱 깊게 만들어 주기도 한다.

감당해야 할 슬픔이라면 억지로 피하지 말고, 오롯

너의 삶을 살아라

이 마주해 보자. 눈물이 지나간 후에는 사소한 인연조차 소중하게 느껴지고, 위로받은 마음에는 따뜻함이 자리한다.

슬픔을 숨기지 않고 받아들이는 것, 그것이야말로 삶을 긍정하는 진실한 태도다. 기쁨과 슬픔은 서로의 그림자이자 빛이다. 슬픔을 마주한 후에야, 기쁨이 더욱 깊게 다가올 것이다.

———

"고통을 거부하는 자는 기쁨도 함께 잃는다."

38

불안함이
길이 되는 순간

뚜렷한 이유 없이 마음이 초조해지고, 막연한 두려움이 밀려올 때, 우리는 그것을 '불안'이라고 부른다.

불안은 단순한 기분의 문제가 아니다. "내가 지금 잘살고 있는 걸까?", "이 길이 정말 맞는 걸까?" 불안은 언제나 내가 당장 답할 수 없는 실존적 질문과 함께 찾아온다.

누군가는 불안을 애써 몰아내려 하고, 또 어떤 이는 모른 척 외면한다. 하지만 불안은 삶이 늘 새롭게 변하고 있다는 증거이며, 때로는 예상하지 못한 가능성이 다가오고 있다는 중요한 신호일 수 있다. 낯선

길 앞에서 우리는 흔들릴 수밖에 없지만, 그 흔들림
이 위대한 변화를 위한 시작이 되기도 한다.

불안은 나를 가로막는 벽일 수도, 나를 더 넓은 세
계로 이끄는 문이 될 수도 있음을 기억해야 한다.

———————

"위대함은 언제나 불안에서 시작된다."

39

감정의
주인이 되는 길

부정적 감정이 마음속에 너무 오래 머무르면 삶을 괴롭게 한다. 분노는 계속 불을 지피고, 후회는 끝없이 반복되며, 슬픔은 마음에 어둠을 남긴다. 이렇게 쌓인 감정들은 새로운 오늘마저 빛을 잃게 만든다.

그러나 인간은 감정에 휩쓸려 좌절하는 존재가 아니다. 감정을 이해하고, 그 의미를 찾아내며, 결국 극복할 힘을 가진 존재다. 그러니 끝없이 이어질 것 같은 감정의 마감일을 스스로 정해야 한다. 그렇지 않으면 삶은 새로운 변화를 만들어 낼 수 없다.

오래된 감정을 정리하는 일이 결코 쉽지 않겠지만

 너의 삶을 살아라

"이제 여기까지"라고 마음먹고 해묵은 감정의 무게를 털어내자.

머물러야 할 순간엔 충분히 머물고, 떠나야 할 때는 미련 없이 떠나보내는 것, 그것이야말로 감정의 진정한 주인이 되는 길이다.

———

"감정을 오래 붙잡는 것은,
네 영혼을 과거에 가두는 일이다."

질투는 아직
피어나지 않은 꿈이다

질투는 불편한 부러움일까?

누군가는 부끄러워 질투를 감추고, 또 누군가는 다른 이를 깎아내리며 자신을 달랜다.

질투는 거울과도 같다. 겉으론 남을 바라보는 시선 같지만, 실은 내 안의 결핍을 그대로 비춘다.

또 질투는 욕망의 씨앗이기도 하다. 지금은 땅속 깊이 묻혀있지만, 그 안에는 피어나지 못하고 억눌린 나의 욕망이 숨어 있다.

때로는 질투가 나침반이 되어, 내가 진정으로 원하는 것이 무엇인지 가르쳐 주기도 한다.

 너의 삶을 살아라

이렇듯 질투는 아직 드러나지 않은 나의 얼굴이자, 앞으로 나아갈 길을 알려주는 은밀한 신호다.

그러니 누군가를 향한 질투를 부끄러워할 필요는 없다. 그 속에는 내가 아직 닿지 못한 꿈과, 언젠가 반드시 피어날 가능성이 숨어 있기 때문이다.

"질투는 네 결핍이 말을 거는 방식이다."

41

행복은 어느 순간에나
머물러 있다

행복을 떠올리면 흔히 환하게 웃는 얼굴을 먼저 그리지만, 행복은 꼭 웃음으로만 다가오지 않는다.

조용한 평온 속에서도, 깊은 몰입의 순간에도, 심지어 눈물이 고이는 순간조차 행복은 은밀하게 숨어 있다.

행복은 슬픔이 사라진 자리를 찾아오는 손님이 아니다. 때로는 슬픔과 기쁨이 함께 어우러진 자리에 불쑥 모습을 드러내기도 한다.

어떤 날은 하늘이 활짝 갠 뒤의 햇살보다, 비에 젖은 숲속에서 느껴지는 고요함이, 더 선명한 행복을

너의 삶을 살아라

전한다. 웃음이 없더라도, 마음 깊은 곳에 삶을 사랑하는 감각이 느껴진다면, 그것이 곧 행복이다.

행복은 누군가 건네주는 것이 아니라, 내 일상의 숨결 속에서 스스로 찾아내는 은밀한 선물이다.

———————

"행복은 웃음이 아닌,
네가 삶을 긍정하는 방식이다."

42

아무렇지 않은 척
그만두기

억지로 누른다고 화가 저절로 사라지진 않는다. 오히려 마음이 더 거칠어질 뿐이다. 아무렇지 않은 척 웃어보아도 상처만 깊어진다.

사람의 감정은 물과 닮아있다. 오랫동안 가둬두면 갑자기 터져 나와 주변을 휩쓸거나, 또는 천천히 썩어 늪처럼 변하고 만다. 그러니 화가 쌓이기 전에 조금씩 흘려보내야 한다. 필요한 순간 감정을 표현하는 것은 자신을 지키는 지혜로운 방법이다.

억눌린 분노가 자신을 부수기 전에, 감정이 빠져나갈 틈을 만들어야 한다. 감정을 해소하지 못하고 끝

너의 삶을 살아라

까지 버티는 것보다, 조금 툴툴거리는 것도 나쁘지
않다.

감정을 흘려보내면 마음에 여유가 생긴다. 그 잠깐
의 여유가 감정의 폭풍 속에서도 흔들리지 않는 삶의
중심이 되어 줄 것이다.

"자기 자신을 속이는 자는
영원히 속박에서 벗어나지 못한다."

43

마음의 빈칸을
다시 쓰자

때로 우리는 모든 것이 허탈해지고 아무 데도 마음 둘 곳 없는 순간을 경험한다. 무의미한 일상이 반복되고, 노력과 성취가 흔적 없이 사라졌다고 생각될 때, 마음은 허공 속에서 헤매는 듯 혼란스럽다. 그 순간 허무함이 우리 곁에 조용히 스며든다.

하지만 허무함은 지금 내 마음이 비어 있다는 신호일 뿐이다. 그곳에 무언가를 억지로 채우거나 암담한 현실에서 도망치려 하면, 오히려 더 깊은 공허가 찾아온다.

이런 허무함을 극복하기 위해서는 자신에게 더욱

너의 삶을 살아라

솔직해져야 한다. 진짜 원하는 것이 무엇인지, 어떤 삶을 소중히 여겨왔는지 다시 생각해 봐야 한다.

그리고 한 걸음씩, 무엇이 됐든 행동으로 옮겨라. 하루가 무의미하게 느껴질지라도, 지금 할 수 있는 일을 찾아 진심을 다하면 된다. 그곳에 당신이 그동안 놓치고 있던 또 다른 삶이 숨어 있을 수 있다.

지금 느끼는 허무함은 새로운 시작을 위한 기회일 뿐이다. 삶이 무의미하게 느껴진다면 과감한 행동으로 자신만의 길을 개척해 보라. 그 길 위에서 우리는 삶의 중심을 되찾게 될 것이다.

"행동하는 사람만이 깨달을 수 있다."

불편한 감정도
삶의 선물이다

흔히 마음을 어지럽히는 감정을 없애야 할 장애물로 여긴다. 하지만 시선을 조금만 달리하면, 그것은 삶이 내게 보내는 중요한 메시지일 수 있다.

두려움은 내가 더 이상 그곳에 머물 수 없다는 표시이며, 분노는 내가 지켜야 할 경계가 무너졌음을 알려준다. 마치 거센 바람이 배를 뒤흔들지만 결국은 더 먼 바다로 나가게 하듯, 이런 불편한 감정들도 나를 새로운 길로 이끄는 힘이 될 수 있다.

삶을 긍정한다는 것은 좋은 것만을 받아들이라는 뜻이 아니다. 자신이 느끼는 모든 감정을 끌어안고,

그 속에서 배움을 찾으라는 의미다.

살아가는 동안 겪게 되는 다양한 감정을 있는 그대로 받아들일 수 있을 때, 감정의 상처 역시 새로운 의미를 만들어 내는 원천이 될 수 있다.

부정적인 감정을 무조건 거부하지 말라. 그 속에는 내가 더 강해지고, 더 깊어질 수 있는 비밀이 감춰져 있다.

―――――――

"삶의 모든 감정은
너를 더 강하게 만들기 위해 찾아온 손님이다."

45

체념하는 대신,
한 걸음 더 나아가라

우리는 때때로 원하지 않는 자리에 서거나, 피하고 싶은 상황을 견뎌야만 한다. 모든 것이 이미 정해진 것처럼 느껴지고, 아무것도 할 수 없는 무기력한 존재가 될 때도 있다. 이러한 순간, 마음 한구석에서는 '이제 그만두자'라는 목소리가 들려온다.

하지만 아무리 막막하고 힘든 상황일지라도, 현실을 어떻게 받아들이고, 어떻게 살아갈지는 온전히 나의 몫임을 기억해야 한다.

바뀌지 않을 것 같은 커다란 운명 앞에 섰을 때조차, 나의 선택을 통해 삶의 방향을 바꿀 힘이 우리에

겐 존재한다.

아침에 눈을 뜨고 하루를 어떻게 보낼지, 어떤 마음을 가질지, 무엇을 할지 같은 매일의 선택이 결국 우리의 운명을 바꾼다. 그만두는 것은 언제든 할 수 있지만, 버티고 한 걸음 더 나아가는 것은 지금 이 순간이 아니면 할 수 없는 일이다.

삶은 아무런 조건없이 답을 주지 않는다. 그러나 우리가 답을 찾기 위해 끝까지 노력한다면, 어제보다 더 나은 오늘을 만들 수 있다. 지금 이 순간에도, 내가 선택한 작은 결정들이 내일의 나를 만들어 가고 있다.

"사는 것은 끊임없이 자신을 넘어서는 것이다."

46

나를 삼키는
죄책감에서 벗어나기

죄책감은 잘못을 바로잡으라는 양심의 신호이지만, 지나치면 삶 전체를 옥죄는 족쇄가 된다. 작은 잘못에도 자신을 끊임없이 괴롭히고, 마음에 가시 돋친 옷을 입힌다.

이러한 죄책감은 오랫동안 사회가 만들어낸 교묘한 장치일지 모른다. 이것은 인간을 부족한 존재로 느끼게 하여 스스로를 억압하도록 길들이는 힘이었다.

하지만 죄책감에서 벗어나라는 말을 멋대로 해석해서는 안 된다. 이는 스스로 책임을 다한 후, 떳떳하게 자신의 의지를 택하라는 뜻이다.

겨울을 버텨낸 나무가 묵은 잎을 떨쳐내듯, 이제 막연한 죄책감을 털어내야 한다. 잎이 떨어진 자리에 새순이 돋듯, 죄책감을 비워 낸 그 자리에는 더 성숙한 책임과 진정한 자유가 자리 잡게 될 것이다.

———————

"죄책감에 매여 있는 한,
　너는 결코 너 자신이 될 수 없다."

47

외로움은
나를 더 깊게 만든다

사람들은 외로움을 없애야 할 감정으로 여기곤 한다. 그러나 외로움은 홀로 서 있는 인간이 느끼는 자연스러운 감정이다.

외로움은 단순한 고통이 아니다. 마치 깊은 밤의 고요가 별빛을 더욱 선명하게 드러내듯, 내면의 목소리를 또렷하게 들려주는 시간이다.

혼자 있는 시간을 두려워하지 않는다면, 우리는 그 속에서 깊이 사색하며 아직 피어나지 않은 자신의 가능성을 발견할 수 있다.

외로움은 고독을 통해 자신을 찾아가는 과정이다.

겨울의 추위가 새봄을 준비시키듯, 외로움은 우리를
더 깊은 길로 이끌 것이다.

　살아가며 느끼게 되는 외로움은 자신을 돌아보고
본모습을 찾아가는 여정의 시작이며, 결국 우리를 더
깊이 있는 인간으로 만들어 주는 원동력이다.

———————

"위대한 사유와 창조는
　언제나 고독 속에서 태어난다."

48

지우고 싶은 기억을
딛고 서는 법

고통의 기억은 지우고 싶다고 해서 순순히 사라지지 않는다. 마음속 깊이 감춰 두어도 어느 순간 불쑥 모습을 드러낸다. 억지로 밀어내려 할수록, 마치 그림자처럼 끈질기게 따라붙는다.

하지만 아팠던 과거의 기억이 오히려 나를 비춰주는 거울이 될 때가 있다. 그 기억은 내가 삶의 어느 지점에서 넘어졌는지, 그리고 그곳에서 무엇을 잃어버렸는지를 되새기게 한다.

살다 보면 원치 않는 고통이 누구에게나 찾아온다. 그러나 그 고통이 내 안의 깊이를 더하고, 나를 성숙

너의 삶을 살아라

하게 만드는 과정이 될 수도 있다. 돌에 새겨진 흔적이 세월이 흘러 가치 있는 유물이 되듯이, 고통의 기억 역시 언젠가 의미 있는 순간으로 다가올 것이다.

지나간 과거를 바꿀 수는 없다. 하지만 과거의 기억을 어떻게 받아들일지는 오롯이 나의 몫이다. 그 선택을 통해 내 삶을 단단히 받쳐주는 기둥이 마음속에 세워지게 될 것이다.

———

"너의 가장 어두운 기억조차,
　네가 사랑해야 할 운명의 일부다."

49

마음이 무너질 때
의지할 수 있는 생각들

힘든 날을 지켜내는 것은 눈에 잘 띄지 않는 사소한 것이다. 길을 걷다 하늘을 올려다보거나, 따뜻한 커피를 천천히 음미하는 것 같은 무심코 지나온 사소한 순간들이 지친 마음을 위로한다.

마치 조각난 그릇을 금빛으로 이어 붙이는 '킨츠기'처럼, 삶의 작은 습관이 상처 난 마음을 정성스럽게 메워 줄 것이다.

완벽하게 고쳐지지 않아도 괜찮다. 깨진 상처가 오히려 아름다운 무늬가 될 수도 있다. 그러니 버티지 못하고 무너질까 미리 겁먹지 말자. 조각난 부분이 있다면 그 위에 새로운 무늬를 새기면 될 테니까.

삶은 무너지지 않는 것보다, 무너진 자리에 내가 어떤 무늬를 새길 수 있느냐가 더 중요하다.

"위대한 결심보다, 매일의 작은 반복 속에서
강해진다."

오래된 상처와
함께 살아간다는 것

쉽게 아물 것 같았지만, 예상보다 오래 마음에 남아 있는 상처가 있다. 지우려 할수록 오히려 더 또렷이 떠오르며 일상에 그림자를 드리운다.

그러나 오래된 상처를 약점으로 볼 필요는 없다. 바위의 균열이 세월을 거쳐 자연스러운 무늬가 되듯, 상처는 삶의 깊이를 드러내는 흔적일 수 있다.

그렇다고 아물지 않는 상처를 그대로 방치해서는 안 된다. 상처의 원인이 무엇이었든, 그 경험 속에서 내가 붙잡아야 할 의미를 찾아야 한다. 바람에 꺾인 나무가 다시 가지를 내밀어 스스로 회복하듯, 상처를

너의 삶을 살아라

딛고 삶을 새롭게 가다듬을 수 있어야 한다.

중요한 것은 '상처를 입었다'라는 사실이 아니라, 그 상처를 안고서도 오늘을 씩씩하게 살아가고 있다는 점이다.

오래된 상처는 내가 한때 무너졌지만 결국 다시 일어섰음을, 그리고 여전히 앞으로 나아가고 있음을 보여주는 흔적이 될 것이다.

"너의 상처는 너를 무너뜨리는 것이 아니라, 너를 더 깊게 만든다."

51

흩어진 내면의
목소리를 듣다

사실 감정을 마주하는 것은 쉽지 않은 일이다. 그 것은 어두운 지하실에 발을 들여놓는 일처럼 낯설고 두렵다. 그럼에도 우리는 용기를 내야 한다. 그 안에 무엇이 있는지 직접 확인한 후에야, 자신의 본질을 이해할 수 있기 때문이다.

감춰진 마음을 표현하는 순간, 복잡하게 얽혀 있던 감정은 얼굴을 드러내고, 비로소 마주할 수 있는 현 실이 된다. 그리고 그 현실과 직면할 때, 우리는 스스 로를 더 잘 알 수 있는 기회를 얻는다.

하지만 끝내 표현하지 못하고 묵힌 감정은 마음을

서서히 흐리게 만든다. 그러나 감정을 마주하고 이름 붙일 수 있다면, 마음은 훨씬 분명해질 것이다.

그러니 조금씩 감정과 마주하는 연습을 해보자. 다른 사람과 나누는 진솔한 대화나, 나만을 위해 적어 내려가는 한 줄의 글이면 충분하다. 중요한 것은 그 과정을 통해 흩어져 있던 내면의 목소리를 확인하고, 삶의 주체로 다시 서는 일이다.

감정을 마주하는 것은 자신에게로 향하는 가장 직접적인 길이다. 오늘의 감정을 있는 그대로 바라보고, 그 안에 숨어 있는 나를 발견해 보자.

"감정을 말로 꺼낼 때,
너는 그것의 노예가 아니라 주인이 된다."

52

행복을 미루지 않는 습관

우리는 종종 행복을 먼 곳에 두고 바라본다. 일이 끝나면, 필요한 돈을 모으면, 혹은 상황이 더 나아지면 비로소 기뻐할 수 있으리라 믿는다. 하지만 그 '언젠가'는 쉽게 오지 않는다. 기다리는 동안 하루는 또다시 흘러가고, 오늘을 밝혀 주는 작은 빛을 계속해서 놓쳐 버린다.

삶을 긍정한다는 것은 먼 미래의 완벽한 순간을 기다리는 것이 아니다. 바로 지금, 내 앞에 놓인 순간을 사랑하는 일이다.

완벽한 무대가 마련될 때까지 기다릴 필요는 없다.

너의 삶을 살아라

그저 지금 내 손에 쥔 '이 순간'을 소중히 바라보는 것, 그것이 삶을 행복하게 만든다.

기쁨을 뒤로 미루는 습관은 완벽한 봄날만을 기다리며 지금 불어오는 따뜻한 바람을 느끼지 못하는 것과 같다. 완벽한 순간만을 기대하다 보면, 이미 시작된 행복을 놓치고 만다.

오늘 내가 느낄 수 있는 작은 기쁨을 뒤로 미루지 말자. 이 기쁨의 순간을 받아들이는 것이야말로, 행복한 삶을 누리는 길이다.

"행복은 내일이 아니라,
지금 너의 손안에 있다."

53

감정이
나를 속일 때

감정은 사실을 있는 그대로 비추지 않을 때가 많다. 투명했던 유리창도 손자국과 먼지로 흐려지듯, 감정 또한 과거의 경험과 상처가 겹겹이 쌓여, 현실을 다른 모습으로 바꿔버린다.

때로는 과거에 겪었던 상처, 또는 앞으로 겪을 것이라는 착각이 감정을 흔들어 놓기도 한다. 아직 일어나지 않은 일에 화를 내거나, 과거의 기억이 현재의 아픔을 악화시킨다. 이렇듯 감정은 객관적인 사실이 아닌, 상상이 불러일으킨 주관적 표현이기도 하다.

이러한 감정을 억누르는 것도, 무조건 따르는 것도 정답은 아니다. 단지 내가 지금 느끼는 감정 뒤에 무엇이 감춰져 있는지를 살필 수 있다면 충분하다.

감정은 진실을 감출 수도, 숨겨진 과거를 보여줄 수도 있다. 감정을 이해한다는 것은, 결국 나 자신을 이해하는 길이며, 그 길 끝에서 진짜 자신의 모습을 보게 될 것이다.

"사실은 존재하지 않는다.
오직 해석만이 있을 뿐이다."

54

오래된 두려움과
화해하는 방법

오랫동안 반복해서 마주하는 두려움엔 과거의 기억과 상처가 응어리져 있다. 그래서 피하려 하면 할수록 더 짙어진다.

두려움을 없애려는 것은 마치 어둠을 지우려 하는 것과 같다. 내가 아무리 노력한다 해도 어둠은 절대로 사라지지 않는다. 하지만 달빛 아래서의 어둠은, 여전히 곁에 있지만 더 이상 어둡게 느껴지지 않는다.

두려움도 마찬가지다. 삶에서 완전히 없앨 수는 없겠지만, 그 속에서 함께 살아가는 법을 배울 수는 있

너의 삶을 살아라

다. 오래된 두려움과 화해한다는 것은 그것을 내 일부로 받아들이는 일이다.

마치 오래된 집에서 보이는 세월의 흔적들이 그 집이 견뎌온 시간을 말해주듯, 두려움 또한 내게 남겨진 삶의 흔적일 수 있다.

두려움을 피해 도망치는 대신 그것을 바라보고 받아들이는 순간, 두려움은 내 삶을 무겁게 짓누르는 돌덩이가 아니라, 내가 서 있을 수 있는 단단한 발판이 될 것이다.

"너의 두려움은 적이 아니라,
너를 단련하는 그림자다."

“낡은 신들을 부수지 않고서는
새로운 가치가 태어나지 않는다.”

Part 4

의미와 목표를
다시 세우다

55

내일을 바꾸는 건 언제나 오늘이다

'왜 사는가?'라는 근본적인 질문을 마주하면 생각이 복잡해진다. 하지만 '오늘을 어떻게 살 것인가?'라는 질문에는 조금 더 쉽게 답할 수 있다.

거창한 명분에만 몰두하다 보면, 정작 오늘의 삶에 소홀하게 된다. 어떤 면에서 '왜 사는지'보다 '오늘을 어떻게 살고 있는지'가 더 중요할 수 있다.

만약 '왜 사는가?'에 답할 수 없다면, 이제부터 '오늘을 어떻게 살 것인가?'를 더 고민해 보라. 오늘의 행동이 모여 내일의 나를 만들고, 그 하루들이 쌓여, 결국 삶을 완성한다.

삶의 이유를 깨닫기 위해서는 눈앞의 하루를 사랑하고, 오늘 할 수 있는 일들을 뒤로 미루지 않아야 한다. 삶의 의미를 찾겠다고 지금 해야 할 일을 뒤로 미루는 것은, 마치 등대를 찾는다는 핑계로 어두운 바다에 닻을 내려버린 배와 같다.

삶은 행동하는 순간 만들어진다. 그러니 당신의 오늘을 살아라. 지금 움직이지 않으면, 내일은 절대 변하지 않는다. 어떤 마음으로 하루를 시작할지, 어떤 사람과 이야기를 나눌지, 어떤 일을 함께할지, 일상의 모든 순간을 소중히 대하라.

이 작은 선택들이 모여 당신의 삶이 결정된다. 거창한 목표를 세우기보다, 하루를 의미 있게 사는 것이 더 중요하다. 오늘 내가 사랑하고 도전하는 그 순간들이, 삶의 이유를 말해줄 것이다.

"오늘 하루를 두 번이라도 살 수 있을 만큼
사랑하라."

56

직업,
그 이상의 당신

누군가를 만나면 으레 "무슨 일을 하세요?"라는 질문을 건넨다. 그리고 곧바로 상대가 이럴 것이라 단정 지어 버린다. 하지만 직업은 그 사람을 설명하는 수많은 조각 중 하나일 뿐, 절대 전부가 될 수 없다.

사람을 직업으로만 판단하는 것은, 세상을 작은 창문으로 내다보는 것과 같다. 직업을 통해 알 수 있는 것도 있겠지만, 그것만으로는 설명할 수 없는 그 사람만의 고유함이 분명 존재한다.

인간은 끊임없이 변하는 존재다. 오늘 농부였던 사람이 내일은 상인이 될 수 있고, 훗날 위대한 철학자의 삶을 살 수도 있다.

만약 사람을 직업 속에 가둬둔다면, 그 사람이 가지고 있는 다양한 모습을 끝내 알지 못한 채 지나쳐 버릴 것이다. 누군가의 진짜 모습을 알고 싶다면, 그가 어떤 일을 하느냐보다는, 그 일을 통해 어떻게 살아가고 있느냐를 살펴보라. 명함에 적힌 직함은 삶의 일부일 뿐, 모든 것을 말해주진 않는다.

삶은 언제든 변할 수 있다. 그리고 인간은 단 한 줄의 글로는 절대 담을 수 없는, 수많은 삶의 이야기를 품고 있는 존재다.

"너는 너 자신으로서 존재해야 한다."

57

움켜쥐면 무겁고,
흘려보내면 길이 된다

흔히 "돈이 전부는 아니다"라고 말한다. 맞는 말이다. 세상에는 돈으로 할 수 없는 일이 무수히 많다. 하지만 돈이 없다면 원하는 삶을 살아갈 자유 역시 제한된다.

돈은 배를 움직이는 바람과 닮아있다. 적절히 다루면 삶을 원하는 방향으로 인도하지만, 바람이 언제나 순풍일 수 없듯이 한순간의 탐욕이 인생의 항로를 흔들 수도 있다.

집착과 탐욕에 사로잡히면, 돈은 자유를 주는 도구가 아니라 삶을 흔드는 위협이 된다. 결국 돈을 대하

너의 삶을 살아라

는 우리의 태도가 삶의 방향을 결정한다. 움켜쥐려 하기보다, 삶을 돕는 유용한 수단으로 바라보라.

돈을 목적이 아닌 도구로 받아들일 때, 비로소 돈은 당신의 삶을 풍요롭고 의미 있게 만드는 믿음직한 힘이 되어 줄 것이다.

———

"도구를 주인으로 삼지 마라.
그것을 네 삶의힘으로 써라."

58

화려한 허상 대신
위대한 인생을 택하라

사람들은 대부분 사회적으로 성공하기 위해 온 힘을 다한다. 더 높은 자리, 더 큰 박수를 받으려 앞만 보고 달려간다. 하지만 이러한 성공은 사실, 화려한 허상일 때가 많다.

지금 당신이 받는 환호를 성공의 증거라 여겨서는 안 된다. 남의 시선에 기대어 쌓은 성취는 쉽게 무너진다. 당신을 진정한 성공으로 이끄는 힘은 타인의 박수가 아니라, 스스로 정한 삶의 가치에서 나온다. 남이 뭐라 말하든, 자신이 원하는 가치를 좇을 때 삶은 위대해질 수 있다.

화려함을 좇는 삶은 끊임없이 남과 비교하게 만든다. 더 높이 올라야 한다는 압박, 더 주목받아야 한다는 불안에 결국 끝없이 자신을 몰아붙인다.

반면, 스스로 세운 삶의 의미를 따르는 사람은 다르다. 박수와 환호가 사라져도 흔들리지 않고, 자신만의 길을 올곧게 걸어간다.

고독 속에서도 자신의 가치를 따라 살아가는 것, 그것이 바로, 작지만 위대한 인생이다.

"내가 누리는 명예는 다른 이의 목소리지만,
내 삶의 의미는 내 영혼의 목소리다."

59

당신은 지금
어떤 무대 위에 서 있는가

나이를 먹어가며 자연스럽게 '사회'라는 무대 위에 오르게 된다. 조명이 켜지고 주변 시선이 집중되면, 상대를 이기기 위한 경쟁이 시작된다. 남들보다 더 잘해야 한다는 압박은 성공을 위한 자극이 되기도 하지만, 결국 끝없는 경쟁에 지칠 뿐이다.

누군가는 이 치열한 싸움을 끝내고 싶을지 모른다. 하지만 무대에서 내려오는 일은 생각보다 쉽지 않다. 화려한 무대 뒤, 언뜻 초라해 보이는 삶을 선택하려면 생각보다 큰 용기가 필요하다.

하지만 삶의 진정한 목적은 남을 이기는 데 있지

너의 삶을 살아라

않다. 인생의 무대는 남의 시선이 머무는 곳이 아니라, 당신이 언제든 편안하게 설 수 있는 익숙한 공간이어야 한다. 경쟁에서 승리해 잠시 박수받을 수 있겠지만, 그것이 당신의 인생을 걸 만큼 가치 있는지 고민해 볼 필요가 있다.

삶은 남보다 앞서므로 빛나는 것이 아니라, 자신이 원하는 하루를 차곡차곡 쌓아갈 때 더 빛나는 것이다. 당신만의 속도로 당신이 선택한 길을 걸어가는 것, 그것이 진짜 자신의 삶을 사는 방법이다.

지금 당신은 어떤 무대 위에 서 있는가? 화려하지만 낯선 타인의 무대인가, 아니면 자신의 모습을 마음껏 보여줄 수 있는 당신의 무대인가?

"남을 넘어서는 것은 우월이지만,
너 자신을 넘어서는 것은 자유다."

60

성공의 의미를
다시 생각하다

어릴 적부터 우리는 비슷한 이야기를 듣고 자란다. 좋은 대학에 가야 하고, 안정적인 직장을 얻어야 하며, 눈에 띄는 성과를 내야만 성공한 삶이라고. 그래서 자연스럽게 성적, 직업, 연봉 같은 외적인 기준을 서로 비교하게 된다.

하지만 이런 것들로는 자신이 얼마나 행복한지, 지금의 삶에 얼마나 만족하고 있는지 절대 알 수 없다. 사회가 만들어 놓은 잣대에 매달리다 보면 끝없는 경쟁 속에서 지치기 마련이고, 아무리 높이 오르고 더 많이 가져도 늘 허무함만 남는다.

너의 삶을 살아라

그러니 성공을 사회가 아닌 개인의 관점에서 바라보자. 출근길 좋아하는 음악을 듣고, 퇴근 후 사랑하는 가족과 함께 웃을 수 있다면 이것만으로도 성공한 삶이다. 자유롭게 나만의 시간을 갖고, 작은 목표를 이루며 뿌듯함을 느끼는 것 역시 마찬가지다.

성공을 다시 정의한다는 것은 서로 다른 삶을 인정하는 일이다. 남과 다르더라도 그 삶이 온전히 자신의 것이라면, 그것이 바로 성공이다.

자신만의 가치를 쌓아가는 삶을 통해서 스스로 빛을 내라. 가장 큰 성공은 다른 무엇이 아닌, 자신이 얼마나 스스로에게 의미 있는 삶을 살고 있는가에 달려 있다.

"성공이란 남이 인정해 주는 것이 아니라,
내 스스로 긍정할 수 있는 삶이다."

61

삶의 여백을
낭비하지 않는 법

따라잡기 힘들 만큼 빠르게 변화하는 시대다. 옷, 음식 같은 물질적인 것뿐 아니라 사람과의 만남, 하루의 시간, 심지어 우리의 감정마저도 빠르게 흘러간다. 그래서인지 행복은 짧게 머물고, 금세 사라진다.

그 빈자리를 채우기 위해 우리는 무언가를 더 많이 소비한다. 더 많이 사고, 더 많은 사람을 만나고, 더 많은 감정을 쏟아낸다. 그럼에도 여전히 마음속 빈자리가 남아 있다면, 이제 허전함의 원인을 밖에서 찾으려 하지 마라.

그 허전함은 오직 자기 자신만이 채울 수 있다. 마

치 노트 한 구석에 글씨를 끄적이듯, 오늘의 일상 속에 나만의 자취를 남겨보자.

매일 반복되는 일상일지라도 어떤 마음으로 바라보느냐에 따라 하루가 전혀 다른 풍경으로 바뀔 수 있다. 그냥 지나치면 사라져 버릴 시간이지만, 스스로 새로운 의미를 부여한다면 색다른 날을 마주할 수 있다.

삶을 낭비하지 않는다는 것은, 마주하는 시간 속에 자신만의 의미를 새기는 일이다. 그렇게 새겨 넣은 흔적들이 허전함을 대신할 때, 비로소 '나의 하루'를 살았다고 자신 있게 말할 수 있을 것이다.

———

"이것이 나의 길이다.
그대들의 길은 어디 있는가?"

62

좋아하는 일을
놓지 않는 당신에게

좋아하는 일을 굳이 직업으로 만들 필요는 없다. 돈이 되지 않아도 그 자체로 의미 있고 즐거움을 주는 일이 있다.

마치 길가에 피어난 들꽃처럼 사소해 보이더라도, 진심으로 즐기고 사랑하는 일은 무엇과도 바꿀 수 없는 소중한 가치를 지닌다. 남들이 하찮게 여길지 몰라도, 그 순간 느끼는 설렘과 기쁨은 자신만의 삶을 살아가는 힘이 된다.

생계를 위한 일이 일상을 유지하게 한다면, 하고 싶은 일, 좋아하는 일은 단순한 생존을 넘어 삶을 의미있게 만드는 원동력이 된다.

좋아하는 일을 직업으로 삼지 않아도, 당신이 여전히 그 일을 놓지 않고 있다면 당신은 이미 충분히 멋진 삶을 살고 있다.

삶 속에서 나만의 순간을 소중히 여기고, 좋아하는 일을 이어가는 시간 자체가 당신의 삶을 특별하게 만드는 힘임을 기억하라.

"우리의 보물은 우리의 놀이 속에 있다."

63

새로운 선택을 위해
포기할 자유

포기는 흔히 체념과 혼동되곤 한다. 하지만, 이 두 가지는 전혀 다른 태도다. 체념은 더 이상 길이 없다고 믿으며 모든 시도를 멈추는 것이고, 포기는 불필요한 짐을 내려놓고 새로운 가능성을 택하는 일이다.

살다 보면 모든 것을 끝까지 붙들어야 한다는 압박에 시달리기 쉽다. 그러나 모든 걸 짊어지려 하면 결국 지쳐 쓰러지기 마련이다. 포기는 바로 그런 순간 자신의 짐을 정리하는 것과 같다. 필요 없는 것을 과감히 비워낼 줄 알아야, 다음 발걸음을 가볍게 내디딜 수 있다.

포기는 의지의 실패가 아니다. 무언가를 내려놓았다는 것은 그 자리에서 멈춰 서겠다는 것이 아니라, 또 다른 가능성으로 시선을 돌렸다는 뜻이다.

체념이 당신 안의 불씨를 꺼뜨린다면, 포기는 당신의 눈을 가리는 연기를 걷어내 불꽃을 더욱 선명하게 드러나게 하는 일이다.

무언가를 포기할 때, 삶은 오히려 새로운 선택의 기회를 얻게 된다. 중요한 것은 무엇을 놓았는가가 아니라, 무엇을 더 소중하게 붙들기로 했느냐다.

체념은 당신을 길 잃은 방랑자로 만들지만, 포기는 새로운 길을 여는 나침반이 되어 준다. 모든 일을 완벽히 잘해야 한다는 압박감에서 벗어날 수 없다면, 포기가 삶을 바꾸는 선택이 될 수 있다.

"체념은 멈춤이지만, 포기는 새로운 시작이다."

64

욕망이
삶을 움직인다

욕망은 오랫동안 숨겨야 할 부끄러운 감정처럼 여겨져 왔다. 더 가지려는 더 나아가려는 마음을 드러내면 욕심이나 허영으로 비난받기 쉬웠다.

하지만 욕망은 숨기려 할수록 마음 깊은 곳에서 왜곡되어, 오히려 삶을 힘들게 만든다. 마치 뚜껑을 닫아둔 솥의 증기가 터져 나오듯, 억눌린 욕망은 예상치 못한 순간 모습을 드러낸다.

욕망을 인정한다는 것은 더 이상 자신을 속이지 않겠다는 말과 같다. 내가 무엇을 원하고, 어디로 나아가고 싶은지 스스로에게 솔직해져야 한다. 문제는 욕망 그 자체가 아니라, 그것을 어떻게 다루는가에 있다. 남의 시선에 맞춰 '적당히' 살아가는 대신, 욕망이 가리키는 방향을 '솔직히' 선택할 힘이 필요하다.

욕망을 긍정한다고 해서 제멋대로 살아도 된다는 뜻은 아니다. 단지 하고자 하는 일을 숨기지 않고, 더 중요한 가치를 위해 힘쓰겠다는 선택일 뿐이다.

자신의 욕망을 솔직히 바라보고, 그것을 긍정적인 방향으로 이끌어라. 내면에 깊이 숨겨진 욕망을 꺼내 보면, 그 욕망이 바로 당신이 도전해야 할 길을 알려 줄 것이다.

"욕망을 억누르지 말고,
　그것을 너의 힘으로 바꾸어라."

65

나는,
나의 시간을 걷는다

시계의 바늘은 늘 앞서 달려가고, 우리는 그것을 따라잡으려 허둥대곤 한다. 일정과 마감에 쫓기다 보면 하루가 끝나기 전부터 이미 지쳐 버리기 일쑤다. 하지만 스스로 시간을 다스릴 수 있다면, 끝없는 추격전에서 벗어날 기회를 얻게 될 것이다.

이제 시간의 주인이 되어야 한다. 연주자가 악보에 얽매이지 않고 자기만의 리듬으로 곡을 해석하듯, 우리도 시간을 우리의 것으로 만들어 낼 필요가 있다. 정해진 틀에 끌려가지 말고, '이 시간'에 온전히 머물러 보자.

지금 '이 순간'을 후회 없이 보낼 수 있다면, 그것만으로도 충분하다. 매 순간 쫓기듯 살아가지 말고, 자신의 속도로 걷고, 자신만의 리듬에 맞춰 시간을 보내자.

남이 정한 속도에 맞춘다면 시간은 늘 우리를 채찍질할 것이다. 하지만 시간은 결코 우리의 적이 아니다. 그러니 다른 사람의 시곗바늘을 쫓지 말고, 시간을 삶의 믿음직한 동반자로 받아들일 수 있는 마음의 여유를 가져야 한다.

———

"너의 시간을 사랑하라.
그것이 곧 네 삶이기 때문이다."

66

늦는 게 아니라
돌아가는 중이다

생각해 보면 우린 늘 바쁘게 산다. 남보다 앞서야 한다는 압박 속에 자신을 몰아붙이다 보면, 정작 어디를 향하고 있는지 놓칠 때가 많다.

하지만 삶의 본질은 속도가 아니라, 내가 가고자 하는 방향에 있다. 남보다 빠르게 도착한 곳이 어디인지조차 모른다면, 속도는 아무런 의미가 없다.

다른 사람과 경쟁하다 길을 잃었다면, 돌아가는 것을 두려워하지 마라. 목적지를 잊지 않는다면 그 길이 어디든 결국 당신이 원하던 곳에 이를 수 있을 것이다.

너의 삶을 살아라

남보다 늦는다는 두려움은 잠시뿐이다. 비록 뒤처지는 순간이 있더라도, 목적이 분명한 여정은 언제나 충분한 의미를 지닌다. 삶의 가치는 얼마나 빨리 갔느냐가 아니라, 어디를 향해 가고 있느냐에 달려 있다. 느린 걸음이라도, 그것이 나의 길이라면 그 자체로 충실한 삶이다.

이제 속도에 대한 압박에서 벗어나, 마음이 이끄는 방향으로 걸어가자. 남의 길을 좇지 말고, 당신만의 가치를 따라가라. 시간이 흘러 걸음을 멈춘 그곳에, 당신이 바라던 풍경이 펼쳐질 것이다.

"너의 길을 걸어라. 그것이 느리더라도,
그것만이 네 삶이다."

67

균형이란
맞춰가는 것

일과 휴식의 완벽한 균형을 꿈꾸지만, 현실은 늘 기울어진 저울처럼 한쪽으로 치우치곤 한다.

어느 날은 업무가 하루를 가득 채우고, 또 어느 날은 아무것도 하기 싫어 몸을 웅크린다. 아쉽게도 삶은 칼로 자른 것처럼 반듯하게 나눌 수 없다. 삶의 균형은 끊임없이 맞춰가는 유연한 변화에 가깝다.

그러니 삶이 불규칙하다고 고민하지 마라. 바다 위를 항해하는 배가 흔들리면서도 계속 나아가듯, 우리 역시 삶 속에서 균형을 찾아갈 것이다.

삶의 균형은 고정된 상태가 아니라, 맞추기 위해

노력하는 과정일 뿐이다. 중요한 것은 흔들리더라도 앞으로 나아가려는 당신의 의지다. 때로는 일에 몰두하고, 때로는 휴식을 취하며 삶의 리듬을 끊임없이 조절하는 것 자체가 진정한 균형이다.

삶의 균형이 무너졌다고 걱정하지 마라. 당신의 삶은 이미 스스로 균형을 찾아가고 있을 테니.

"삶은 균형이 아니라,
균형을 찾아가는 끊임없는 조율이다."

68

익숙함에서 벗어나
다른 나를 만나다

대부분의 사람은 안정된 삶을 원한다. 위험이 적고, 미래를 예측할 수 있으며, 큰 파도 없이 잔잔하게 흐르는 삶. 하지만 안정을 좇다 보면, 언젠가는 고요한 적막 속에서 무료함과 마주치게 된다.

온몸의 세포가 깨어나는 듯한 강렬한 느낌은 오히려 불안하고 낯선 곳에서 찾을 수 있다. 미지의 길에 첫발을 내디딜 때, 우리는 두려움과 설렘을 동시에 느낀다.

자신을 둘러싸고 있는 벽을 넘어서야 새로운 세상을 만날 수 있다. 익숙하고 안전한 곳만 고집한다면,

자신의 또 다른 가능성을 놓치게 된다.

안정된 삶은 우리를 보호하지만, 그 편안함에 안주하는 것이 정답은 아니다. 새로움에 도전하며 자신을 조금씩 만들어 가는 과정 그 자체가 더 의미 있을 수 있다.

새로운 도전은 때로 실패라는 아픔을 주지만, 그것은 삶을 더 강하게 만들어 주는 귀한 선물이다. 그러니 낯선 길을 외면하지 마라. 그 안에 내가 아직 만나지 못한 가능성이 숨어 있다.

삶이 무료하다면 안전한 울타리를 조금 벗어나 새로운 일에 도전해 보라. 그 발걸음이 당신의 삶을 다시 설레게 할 것이다.

"위험 속에 너의 자유가 있고,
　불확실성 속에 너의 기쁨이 있다."

69

손에 쥔 것부터
사랑하라

눈을 뜨는 순간부터 우리는 더 많은 것을 바라며 하루를 시작한다. 더 좋은 집, 더 나은 직장, 더 많은 인정. 그러나 끝없는 결핍은 이미 손에 쥔 것조차 하찮게 만들어 버린다.

사실 우리가 느끼는 결핍은 상대적인 감정일 뿐이다. 지금 나와 함께 하는 소중한 것들을 하나씩 되새겨 보라. 불완전하더라도 자신에게 주어진 것을 사랑할 수 있는 사람만이 삶을 온전히 누릴 수 있다. 현실을 받아들이고, 그 안에서 자신을 더욱 가치 있게 만드는 것이 중요하다.

내가 지금 갖지 못한 것을 바라는 삶은 늘 불행하다. 삶을 사랑한다는 것은 결국, 지금의 나를 있는 그대로 받아들이는 일이다. 남과 비교하며 스스로를 자책할 필요는 없다. 나의 삶 속에는 아직 찾아내지 못한 수많은 기회가 숨어 있다.

더 나은 내일을 바라며 오늘을 원망하기보다, 지금 내 곁에 있는 것과 먼저 마주하라. 일상의 순간이 나를 시험하고 성장시키는 도구가 될 때, 삶은 결핍의 연속이 아니라, 풍요롭고 기대에 찬 여정으로 바뀔 것이다.

"네가 가진 것을 사랑하라.
그것이 네 운명이다."

70

위대한 삶은,
일상의 순간들에서

큰 성공만이 기념할 의미 있는 것처럼 보이지만, 우리 삶을 지탱하는 힘은 작은 성공에서 비롯된다. 마치 보이지 않는 벽돌처럼, 소소한 성취들이 모여 하루를 차곡차곡 채우고, 삶을 만들어 간다.

새벽의 고요 속에서 하루를 맞이하고 주변을 걸으며 호흡을 가다듬는 일 같은 매일의 습관은, 당장은 눈에 띄지 않지만 위기 앞에서도 흔들리지 않는 삶의 기반이 된다.

오늘 당신이 행하고 있는 작은 일이 미래의 당신을 준비시킨다. 위대한 성취는 갑작스러운 기적이 아니

너의 삶을 살아라

라, 바로 이러한 일상적인 '오늘'에서 비롯된다.

　그러니 오늘 이뤄낸 작은 성취에 스스로 칭찬하고, 건네고, 그 기쁨을 온전히 느껴보라. 우리의 삶은 이미 성공들로 가득 차 있으며, 그것들이 모여 결국 위대한 삶을 만들어 가는 발판이 될 것이다.

———

　"위대한 삶은 작은 승리의 반복에서 자란다."

71

가장 중요한 가치는
삶의 경험이다

흔히 가치를 눈에 보이는 성과나 숫자로만 판단하는 경향이 있다. 돈으로 환산하거나, 타인과 비교해 더 나은 이유가 있을 때만 의미 있다고 여긴다. 하지만 삶에는 이러한 물질적 기준과는 다른 영역에 속하는 소중한 가치들이 존재한다.

마치 거대한 바위 밑에 보이지 않는 뿌리를 뻗는 나무처럼, 우리의 삶 역시 눈에 띄지 않는 수많은 경험들이 우리를 지탱하는 진정한 힘이 될 때가 있다. 타인의 인정이나 평가는 쉽게 변하지만, 삶에서 직접 마주한 경험의 가치는 절대 사라지지 않는다.

숫자로 환산되지 않는 이러한 자신만의 가치를 믿고 살아가는 것은, 타인의 평가에 의존하지 않겠다는 용기 있는 다짐이다. 이러한 믿음이야말로 당장의 결과에 조급해하지 않고 자신의 삶을 살아갈 수 있는 원천이다.

눈에 보이지 않는 당신만의 고유한 삶이야말로, 당신을 든든히 떠받치는 가장 강력한 힘의 근원임을 깨달아야 한다.

"가장 깊은 힘은 눈에 보이지 않지만,
그것이 모든 것을 지탱한다."

72

멈추지 않는 한
실패는 없다

실패를 경험한 사람만 아는 두려움의 무게가 있다. 모든 것이 무너졌을 때의 싸늘한 공기, 등 뒤에서 들려오는 웅성거림, 그리고 다시 일어설 수 없을지 모른다는 막막함, 그 속에서 깊은 절망을 느낀다.

그러나 우리가 진정으로 경계해야 할 것은 실패, 그 자체가 아니다. 두려움에 사로잡혀 시도조차 하지 못하게 만드는 마음의 주저앉음이다.

바람이 거세고 파도가 높아도, 용기를 내어 배를 띄운 사람에게 바다는 기어이 길을 내어준다. 하지만 안전한 바닷가에 머무른다면 결국 아무것도 얻을 수

너의 삶을 살아라

없다. 변화를 외면하고 늘 같은 곳에 안주하는 이들에게 세상은 더욱 냉정하다. 도전하지 않는 삶은 실패의 아픔을 피할 수 있을지 몰라도, 성공의 기쁨 또한 맛볼 수 없다.

실패를, 우리를 무너뜨리려는 절망의 순간으로 단정하지 마라. 그것은 단지 새로운 도전을 위한 필연적인 과정이다. 그러니 넘어짐을 두려워하지 말고, 다시 한 걸음 내디뎌야 한다.

도전을 멈추지 않는다면, 실패를 통해 두려움을 뚫고 나가는 용기를 배우게 된다.

지금 당신 앞에 놓여 있는 그 두려움을 용기의 발판으로 삼아라. 수없이 넘어질지라도 다시 일어설 마음만 있다면, 어떤 시련이 닥쳐와도 당신의 삶은 결코 무너지지 않을 것이다.

———

"사람은 자신이 걸어야 할 길을,
스스로 넘어지며 배운다."

73

자유는
당신의 선택에서 온다

사람들은 흔히 '마음껏 행동할 수 있는 상태'를 자유라고 여긴다. 하지만 진정한 자유는 자신의 선택에 끝까지 책임을 다할 때 비로소 느낄 수 있다.

스스로 책임지지 않는 사람은 결국 타인이 결정을 대신하게 되고, 이는 곧 간섭으로 이어진다. 책임을 회피하려 인생의 중요한 선택을 남의 손에 맡긴다면, 삶은 후회로 가득 찰 것이다.

그러니 진심으로 하고자 하는 일이 있다면, 도전하고 책임지기를 주저해서는 안 된다. 망설임을 버리고, 변명 대신 책임을 다하면 그것으로 충분하다. 그

너의 삶을 살아라

선택이 오롯이 당신의 의지에서 비롯된 것이라면, 그 자체만으로도 존중받아야 마땅하다.

당신에게 진정한 자유란 무엇인가? 혹시 지금, 책임을 미룰 구실을 찾고 있는 것은 아닌가? 자유로운 삶에는 책임질 수 있는 용기가 필요하다. 쓸데없는 변명을 멈추고, 지금 바로 원하는 일에 도전해 보라.

———

"나는 나를 통해 나의 길을 가르치고,
다른 누구에게서도 배우지 않는다."

74

살아갈 의미를 잃어버린
당신에게

삶의 의미가 희미해지는 순간이 있다. 갑자기 모든 것이 허무해지고, 삶이 멈춘 듯 느껴진다. 문득, 애초에 존재하지도 않는 길을 찾아 헤매고 있었던 것은 아닌지 불안하다.

삶의 목적을 잃어버린 당신을 위한 위대한 조언은 없다. 굳이 원한다면 지금 당장 할 수 있는, 그리고 마땅히 해야 하는 일을 하라고 말해줄 수 있다.

한밤중에 길을 잃은 여행자에게 아득히 먼 목적지는 아무런 의미가 없다. 그저 눈앞에 보이는 한 줄기 불빛을 향해 발걸음을 서둘러 옮길 뿐이다.

그러니 먼 미래를 걱정하며 근심하지 마라. 오늘이 암담하더라도 내일의 삶은 조금씩 나아질 것이다. 당신이 원했던 목표를 이루지 못했다고 자책하지 마라. 목표란 원래 바뀌기도 하고, 때로는 사라지기도 하는 법이다.

당신이 오늘 하루를 충실하게 살아냈다면, 그 모든 하루가 모여 삶의 목적을 다시 밝혀 준다. 그리고 어느 순간 당신은, 잃어버린 삶의 의미를 스스로 만들어 낼 것이다.

"삶의 목적은 기다리는 것이 아니라,
네가 다시 시작하는 순간 태어난다."

"인간에게 가장 어려운 일은
자기 자신을 극복하는 것이다."

Part 5

나다운
삶의 용기

75

오늘을
살아라

사람들은 흔히 이렇게 말한다. "언젠가 기회가 되면 할게." 하지만, 그 '언젠가'는 좀처럼 오지 않는다. 금방 닿을 수 있을 것 같지만, 늘 같은 거리를 유지할 뿐이다.

'언젠가'라는 말은 어쩌면 '영원히 닿을 수 없음'과 같은 의미일지도 모른다. 그렇게 오늘의 일은 또다시 미루어지고, 습관처럼 내일이 찾아온다.

우리는 늘 내일을 기약하지만, 내일이 어떤 모습일지는 아무도 모른다. 미래는 아직 도착하지 않은 편지와 같다. 그 안에 적힌 내용을 꺼내 읽기 전까지 알 수 없다. 미래는 내 것이지만 내 것이 아닌, 걱정과 기대가 공존하는 시간이다.

그러니 내일을 핑계로 오늘을 낭비해선 안 된다. 후회 없는 삶을 살 수 있는 가장 단순한 방법은, 해야 할 일을 '지금 바로' 시작하는 일이다. 그 결정을 통해 우리는 '오늘'을 살 수 있다.

더 이상 '언젠가'라는 막연한 기대 속에 당신의 삶을 방치하지 마라. 당신의 삶은 '오늘'이 만들어 내는 '미래'일 뿐이다.

"인생은 목적지가 아닌 여행 그 자체다."

76

오늘은 이미
'좋은 날'이다

우리는 '좋은 날'을 기대하며 산다. 통장 잔액이 넉넉하게 불어나는 날, 하고 싶었던 일이 한 번에 이루어지는 날. 이런 특별한 날에 비하면, 평범한 하루는 시시하거나 불행하게 느껴진다.

하지만 삶을 사랑한다는 건 그런 좋은 날이 오기만 기다리는 것이 아니다. 원하는 일이 이루어지지 않아도, 몸이 조금 힘들더라도, 오늘을 의미 있게 살아가고 있다면 이미 오늘은 좋은 날이다.

운명을 긍정한다는 것은, 어떤 상황에서도 삶을 기꺼이 받아들이는 용기를 말한다.

좋은 날이 오기를 바라는 삶은 늘 아쉬움이 남는다. 특별한 조건이 채워져야만 좋은 날이 되는 것이 아니라, 평범한 하루도 마음먹기에 따라 좋은 날이 될 수 있다.

이제는 '언젠가' 찾아올 완벽한 날을 기다리지 마라. 당신이 무심히 지나쳤던 '지금 이 순간'들이 당신의 삶을 좋은 날로 가득 차게 할 것이다.

"좋은 날을 기다리지 말고,
어떤 날이 와도 긍정할 태도를 길러라."

77

남의 기대를 벗고, 나의 삶을 선택하라

어느 순간 타인이 정해준 삶을 살고 있다는 생각이 들 때가 있다. 세상의 기준, 가족의 기대, 다수가 선택한 길에 묶여 있는 자신을 발견한다. 열심히 살아왔지만, 돌아보니 내가 원하던 삶이 아니었다.

삶은 타인의 대본에 맞춰 연기하는 무대가 아니다. 우리에게는 언제나 자신만의 새로운 무대를 만들어낼 기회가 있다. 직접 무대를 꾸미고, 하고자 하는 역할을 선택해 보라. 어려울 것 없다. 아주 작은 선택이 그 시작이 될 것이다.

오늘 '나만을 위해' 어떤 일을 할 것인지 스스로 정

해 보자. 무엇을 할지, 누구와 만날지, 아니면 어떤 곳을 갈지 결정해 보라. 스스로 삶을 연출하고 채워 나가는 것이야말로 자신의 삶을 바꾸는 확실한 방법 이다.

삶의 주인공이 된다는 것은, 진짜 '나답게' 살아가 는 것이다. 그러니 남의 시선을 의식할 필요는 없다. 지금 나의 생을 '나의 의지'로 있는 힘껏 살아내는 것, 그 자체가 진짜 나의 삶이다.

____

"너의 길을 걸어라.
그 길 위에서만 너는 주인공이 된다."

78

정해진 길에서 벗어나길
두려워하는 당신에게

어른이 되어서도 여전히 남들이 원하는 모습에 맞춰 사는 사람이 있다. 이러한 삶은 안정돼 보이지만, 그 안에는 '자기 의지'가 없다. 그저 주어진 길을 걷다 끝내 후회하게 된다.

진짜 자유는 남이 만들어 준 삶을 내려놓을 때 시작된다. 주어진 가치와 질서에 맹목적으로 따르기보다, 자신만의 기준을 세워야 한다. 그 순간 비로소 삶은 내 것이 된다.

물론 그 선택은 두렵다. 정해진 길을 벗어나 불안해지고, 때로는 홀로 남겨져 외로움과 마주해야 한

너의 삶을 살아라

다. 하지만 그 고통을 이겨내야 비로소 자신의 이야
기가 시작된다.

자유는 단순히 구속에서 벗어나는 것이 아니라 삶
을 책임지는 일이다. 내가 만든 길이기에 넘어지더라
도 남을 탓할 수 없고, 내가 세운 기준이기에 그 결과
를 끝까지 감당해야 한다.

하지만 그 무게를 받아들일 수 있다면, 우리는 더
이상 누군가의 그림자 속에 머물 필요가 없다. 타인
의 삶이 아닌 자신의 이야기를 스스로 써 내려갈 수
있으니.

이제 더 이상 망설이지 마라. 아직 쓰지 못한 이야
기가 당신을 기다리고 있다. 지금부터 새로 써 내려
갈 첫 문장이, 바로 당신의 삶을 변화시킬 것이다.

"세상에는 오직 하나의 길이 있을 뿐이다.
그것은 네가 가는 길이다."

79

멈출 것인가,
나아갈 것인가

큰 결정을 앞두면 두려움과 설렘을 동시에 느낀다. 두려움은 무모한 선택을 막아주지만 때로는 발걸음을 멈추게 하고, 설렘은 불안을 동반하지만 새로운 세상으로 나아가게 하는 힘이 있다.

우리는 매 순간 어떻게 행동할지 선택해야 한다. 두려움에 머물며 안정을 택할 것인가, 아니면 불안하지만 설레는 마음으로 한 걸음 더 나아갈 것인가.

사실 인간은 누구나, 더 나은 자신을 바란다. 그래서 불안을 감수하고 도전하려 한다. 하지만, 이는 그저 주어지는 것이 아니다. 스스로 용기를 내야만 비로소 얻을 수 있는 기회다.

안정보다 설렘을 선택하고 싶다면, 머뭇거리지 말고 먼저 행동하라. 도전은 단조로운 일상에서 벗어나 삶을 다채로운 색으로 물들이는 일이다. 지금까지 살아온 익숙한 길에서 벗어나, 달라진 삶을 경험해 보라.

당신의 삶이 여러 가지 색으로 빛나길 원한다면, 설렘이 이끄는 대로 용기 있게, 지금 한 걸음 더 내디뎌야 할 것이다.

“사람은 아직 발견되지 않은 가능성을 향해
끊임없이 자신을 넘어야 한다.”

80

서툰 오늘을
사랑할 마음

아직 남아 있는 일들이 마음을 조급하게 만든다. 해야 할 일을 놓친 것 같고, 실수할까 불안해진다. 시간은 늘 부족하고, 잘 해내야 한다는 강박이 끝없이 우리를 채찍질한다.

하지만 삶이 항상 완벽할 수는 없다. 오늘 주어진 일에 스스로 최선을 다했다면 그것만으로 충분하다. 그러니 오늘이 완벽하지 않아도 괜찮다.

지금 우리에게 필요한 것은 완벽한 하루가 아니다. 다소 서툴고 모자라더라도, 그 하루를 있는 그대로 사랑할 수 있는 마음이다.

완벽하지 않은 오늘일지라도 기꺼이 받아들이고, 불안한 마음을 내려놓자. 오늘의 아쉬움은 내일을 위한 새로운 힘을 일깨워 준다.

자신의 삶을 긍정하는 마음이 또다른 하루를 살아갈 원동력이 된다. 지금 필요한 것은 완벽한 하루가 아니라, 우리가 겪은 모든 순간을 삶의 일부로 끌어안는 마음이다. 그런 후에야, "자신의 삶을 긍정하라."는 말의 진짜 의미를 깨닫게 될 것이다.

"우리는 삶을 긍정해야 한다.
왜냐하면 '더 높은' 삶은 없기 때문이다."

81

버려야 할 것은
놓지 못하는 마음이다

방 안에 가득 쌓인 물건들을 바라보면 답답해질 때가 있다. 깔끔하게 정리하고 싶지만, 정작 손이 가지 않는다. 버려야 한다는 생각보다 '필요하지 않을까?'라는 마음이 더 크기 때문이다. 사실 문제는 쌓여 있는 물건이 아니라, 그것을 놓지 못하는 마음이다.

세상은 보이는 모습 그대로가 아니다. 인간은 자신의 시선을 통해 삶을 살아간다. 미래를 바라보는 불안한 시선이 결국 집착이 되어 당신의 방을 가득 채웠을 뿐이다.

미래를 위한 '준비'와 미래에 대한 '불안'을 구별하

너의 삶을 살아라

라. 당신의 방을 가득 채운 '불안'을 버리고 싶다면, 먼저 미래를 염려하는 당신의 시선을 바꿔야 한다.

아직 다가오지 않는 일에 대한 걱정으로 마음을 어지럽히지 마라. 지금의 나에게 필요하지 않은 것을, 미래의 나를 위해 억지로 붙잡을 필요는 없다. 미래의 나를 위해 지금의 나를 희생시켜서는 안 된다. 오늘의 삶에 충실한 자신을 믿어야 한다.

오늘이 행복한 사람만이 더 나은 미래를 만들어 갈 수 있다. 당신의 시선에 불안이 아닌 여유가 깃드는 순간, 삶은 더 넓은 가능성으로 다가올 것이다.

"너의 눈이 달라지면, 너의 세계도 달라진다."

82

고요함이
나를 길러낸다

삶의 많은 일들이 타인의 시선을 의식하며 시작된다. 누군가의 인정을 받기 위해 애쓰고, 그들의 반응에 흔들린다. 하지만 자신만의 인생을 살아갈 힘은, 홀로 보내는 고요한 시간 속에서 서서히 길러진다.

삶에서 고독의 시간만큼 중요한 것은 없다. 아무도 간섭하지 않는 곳에서, 남들과 다른 자신만의 의지를 만들어 가야 한다. 비록 외로울지라도, 그 혼자만의 시간이 삶을 지탱하는 힘이 된다.

고독한 시간은 남에게 보여주기 위한 것이 아니다. 자신을 돌아보는 가장 깊고 진실한 순간이다. 많은 사람이 눈에 보이는 성과를 좇지만, 삶의 본질은 보이지 않는 순간 속에 숨겨져 있다.

숲을 이루는 거대한 나무를 보라. 그 시작은 잎과 가지가 아니라, 땅속 깊이 박혀있는 보이지 않는 뿌리에서 비롯된다. 그 뿌리에 의해 나무의 모습이 결정되듯, 우리의 삶 또한 그러하다.

겉으로 드러나는 모습보다 내면의 성장을 추구하는 시간이야말로 진정한 나를 만들어 낸다. 어쩌면 인생의 가장 빛나는 시간은, 홀로 있는 바로 그 고독 속에서 시작될지도 모른다.

———

"고독 속에서, 창조는 시작된다."

83

작은 변화가
만드는 힘

살다 보면 삶이 달라지기를 바라는 순간이 있다. 주변 사람들이 깜짝 놀랄 만큼, 모든 것이 극적으로 바뀌기를 꿈꾼다.

하지만 현실은 우리 마음과 달리 느리게 움직인다. 그렇다고 무시해서는 안 된다. 그 작은 변화들이 결국 우리를 더 자유롭게, 그리고 더 강하게 만들어 줄 테니까.

중요한 것은 변화의 크기가 아니라, 우리가 어떻게 변하고 있느냐다. 느리고 작은 걸음이더라도, 자신을 더 나은 방향으로 이끌고 있다면 충분하다. 변화의 과정 속에서 가능성을 발견하고 스스로 고개를 끄덕일 수 있다면, 그것만으로도 의미 있는 성취다.

남들이 알아주지 않아도 괜찮다. 중요한 건 타인의 인정이 아니라, 작더라도 자신이 만족할 수 있는 변화다. 그 과정에서 당신의 삶은 위대한 곳을 향해 계속 나아갈 힘을 얻게 될 것이다.

———

"가장 위대한 사건은 가장 조용히 일어난다."

사라지는 게 아니라, 변하는 것

새로운 일을 시작하려 할 때, 가장 먼저 찾아오는 건 두려움이다. 지금까지 지내 온 익숙한 세상, 그리고 그곳에서 쌓아 온 모든 것들이 사라질까 봐 마음이 흔들린다. 하지만, 두려움을 실패의 징조라 생각할 필요는 없다. 오히려 지금까지와는 다른 삶이 우리를 기다리고 있다는 신호일지 모른다.

인간은 머물러 정체되는 존재가 아니라, 끊임없이 자신을 넘어서는 존재다. 지금 느끼는 두려움은 지금보다 더 큰 존재로 나아가고 있다는 증거이며, 이는 누구에게나 찾아오는 자연스러운 감정이다.

변화를 두려워하는 마음을 이겨내라는 충고는, 위험을 무시하라는 허세가 아니다. 그 두려움을 당신을 위협하는 신호가 아니라, 변화의 필수적인 조건으로 받아들이라는 조언이다.

중요한 것은 두려울지라도 한 걸음 더 내디딜 수 있는 의지다. 그것이 바로 새로운 세상을 여는 힘이 될 것이다.

"살아 있다는 것,
그것은 끊임없이 자신을 넘어서는 일이다."

소중한 것은
모든 순간에 있다

멀리 있는 목표만 바라보면, 정작 순간의 기억을 놓치기 쉽다. 삶을 이루는 것은 위대한 사건이 아니라 마음속 깊이 남아 있는 작은 기억들이다. 다시 돌아가고 싶은 그 순간, 그때의 순수한 감정이 지금의 나를 살아가게 한다.

하지만 특별한 순간만 중요한 것은 아니다. 사랑하는 사람과 나눈 짧은 대화, 혼자 걷는 길 위에 내려앉은 고요, 오랜 기다림 끝에 찾아온 작은 성취도 모두 의미가 있다.

눈부신 순간이 아니어도 마음속 깊이 남아 있는 기

억은 삶을 따뜻하게 채운다. 매일의 삶 속에서 일어나는 이런 소소한 순간을 놓치지 말아야 한다. 인생의 위대한 결말을 기다리지 말고, 지금 이 순간을 더 깊이 살아낼 때 삶은 의미를 가진다.

오늘 하루의 시간 속에서 오랫동안 기억하고 싶은 장면을 발견하고 지켜낸다면, 그것이 곧 당신이 살아가기를 원하는 삶의 진정한 모습일 것이다.

"오늘 하루를 하나의 삶처럼 살아라."

86

나를 넘어,
세상에 닿는 용기

우리가 살면서 겪는 모든 도전과 성취 뒤에는 언제나 용기가 있다. 그것은 '지금의 나'보다 더 나은 존재가 되려는 인간의 본능적 욕구에서 비롯된다. 우리는 항상 스스로를 뛰어넘어 더 큰 존재가 되려 한다.

남들이 정한 틀을 벗어나, 자신의 기준으로 새로운 삶의 방식을 찾아가는 모든 순간이 바로 자신을 향한 용기다. 이것은 두려움 속에서도 새로운 삶의 문을 여는 열쇠이기도 하다.

하지만 용기가 단순히 자신의 발전에만 머물러서는 안 된다. 자신을 위한 용기는 더 넓은 세상으로 나

아가기 위한 출발점일 뿐이다. 진정한 용기는 자신의
의지를 다른 사람과 함께 나눌 때 비로소 완성된다.

가장 위대한 용기는, 나를 성장시킨 힘을 붙잡아
두지 않고, 세상을 더 나은 방향으로 이끄는 데 기꺼
이 쓰는 것이다.

그러니 오늘, 용기 내는 것을 두려워하지 말라. 용
기가 쌓여 누군가에게 힘이 되고, 결국 세상을 움직
이는 바람이 된다. 그 용기가 나의 성장뿐 아니라, 우
리 모두의 내일을 위한 씨앗이 될 것이다.

———

"오직 너의 의지 안에만 세상의 의미가 있으며,
너의 의지가 세상을 의미 있게 할 것이다."

87

욕심을 버리고
삶을 채우다

욕심에는 끝이 없다. 손에 쥔 것이 아무리 많아도, 욕심이 시선을 다른 곳으로 돌리면 이미 가진 것의 소중함조차 놓친다. 욕심은 우리를 불안하게 만들고, 마음을 흐리게 한다.

행복은 지금 가지고 있는 것에 충분히 감사할 때 비로소 느낄 수 있다. 담장 너머 화려한 정원을 부러워하기보다, 내 앞에 핀 꽃을 먼저 바라보라. 그 시선에 마음을 다하는 순간, 꽃은 나에게 새로운 의미로 다가온다.

욕심을 경계하고 주변의 모든 것을 소중히 바라보

자. 주어진 것을 먼저 받아들이는 마음이 바로, 풍요
로운 정원을 가꾸는 첫 씨앗이다.

지금 가진 것을 소중히 마음에 채우는 순간, 삶은
경쟁이 아닌 경험의 과정으로 변한다. 욕심을 버리
고, 매 순간 내가 살아가는 이야기에 집중할 때, 그것
이 곧 나의 의지로 만들어 가는 진정한 삶의 해답이
된다.

————

"네가 무엇을 사랑할 수 있는지를 알 때,
비로소 너 자신을 알게 된다."

88

나를 그대로
보여주는 대화

누군가와 대화를 나누는 일은 생각보다 쉽지 않다. 서로의 마음을 있는 그대로 드러내지 못하고, 듣기 좋은 말만 주고받다 보면 겉으로는 평온해 보여도 마음속에는 미묘한 불편함이 남는다. 이런 대화는 마치 화려하게 포장된 싸구려 선물을 주고받는 것과 같다.

사람들은 대화할 때 주변의 시선과 평가를 의식한다. 자신의 진심이 상대를 당황하게 하거나 관계가 어색해질까 걱정하는 것이다. 하지만 꾸며낸 말로 감정을 숨기다 보면, 결국 서로의 거리만 더 멀어진다.

대화에서 솔직함은 필수다. 진실한 마음만이 오해

와 의심을 풀고, 서로의 거리를 좁히는 힘을 갖는다. 화려한 말솜씨나 세련된 태도보다, 자신의 마음을 숨기지 않고 내보이는 용기가 중요하다.

대화는 거울과 같다. 때로는 보기 싫은 내 모습이 비치지만, 그 앞에 솔직하게 설 수 있어야 한다. 서툴더라도 진심을 전할 때, 우리는 상대의 마음속으로 한 걸음 더 들어갈 수 있다.

"너 자신을 속이지 마라.
자기기만은 모든 악의 뿌리다."

89

힘든 하루,
나에게 건네는 응원

힘든 순간, 가장 듣고 싶은 것은 누군가의 따뜻한 격려다. 하지만 늘 한결같이 나를 감싸 줄 사람은 많지 않다. 그럴 때 필요한 것은, 스스로에게 보내는 작은 응원이다. 삶을 긍정하는 출발점은 결국 자기 자신을 가장 열렬히 지지하는 데서 시작된다.

고된 하루를 버틴 나에게 "오늘도 잘했어"라고 속삭이고, 고개를 끄덕여 주는 것만으로도 충분하다. 마치 달력에 하루하루 작은 표시를 남기는 것처럼, 처음엔 눈에 띄지 않지만, 결국 내가 걸어온 길을 묵묵히 증명해 줄 것이다.

너의 삶을 살아라

자신에게 보내는 단순한 한마디가, 삶이 흔들릴 때 자신을 지키는 거대한 힘이 된다. 위기의 순간, 다른 이의 응원에 기대는 것은 위험한 일이다. 남의 말에 쉽게 흔들리고, 예상치 못한 작은 비난에도 마음이 무너질 수 있다.

하지만 내가 나의 든든한 지지자가 될 때, 어떤 어려움이 닥쳐도 다시 일어설 힘을 가지게 된다. 지친 하루를 끝마치고 내일을 맞이할 용기는 결국 자신에게 달려 있다.

스스로를 응원하는 일이야말로 어려움을 극복하는 가장 중요한 열쇠다. 자신을 격려하는 단순하고 강력한 방법은, 타인의 박수가 아니라 내 안에서 들려오는 나를 향한 응원의 목소리다.

———

"네가 너의 편이 될 때,
　세상은 결코 너를 꺾지 못한다."

90

잃는 것이 아닌,
찾아가는 시간

때로 나이 들어간다는 것은 선택의 폭이 좁아지는 것처럼 보인다. 한때 중요하다고 여겼던 것이나 열심히 해온 일의 의미가 퇴색되는 듯 느껴진다.

하지만 나이 듦이 슬픈 것만은 아니다. 오히려 지금 무엇에 힘을 쏟아야 할지, 해야 할 일이 무엇인지 더욱 분명하게 알 수 있다. 나이 듦은 진짜 필요한 일에 집중하는 힘이 깨어나는 과정이다.

삶의 경험이 쌓일수록 중요한 것을 구별하고, 그것에 온 힘을 다할 수 있게 된다. 나이 듦은 무언가를 포기하는 시기가 아니라, 진정한 나다움을 완성해 가

너의 삶을 살아라

는 시간일 뿐이다.

나이 듦은 자유로움이다. 원하는 것에 마음을 쏟고, 자신으로 살아갈 수 있는 자유를 스스로에게 선물하는 시간이 되어야 한다.

그러니 두려워하지 말고, 자신이 진정으로 원했던 모습을 차분히 완성해 가자.

"무언가를 원하는 것이 아니라,
무엇이 되고 싶어 하는 것,
그것이 바로 성숙이다."

91

끝까지 나다움을
잃지 않는 용기

우리를 향한 세상의 기대는 끊임없이 변한다. 그 흐름에 휩쓸리다 보면, 어느새 자신만의 빛깔을 잃고 남들이 원하는 모습만 남게 된다.

그러니 굳이 원치 않는 것을 이루기 위해 애쓸 필요 없다. 오히려 현실을 있는 그대로 받아들이고, 그 안에서 유연함을 잃지 않는 태도가 더 중요하다.

거센 바람에도 뽑히지 않고 흔들리는 갈대처럼, 고통 속에서도 자신을 긍정할 줄 아는 사람만이 그 유연함으로 삶의 중심을 붙잡는다.

나다움을 지키려면 시련 속에서도 자신을 포기하

지 않는 용기가 필요하다. 그러니 어떤 순간에도 스스로를 외면하지 않아야 한다. 세상은 언제든지 삶을 흔들 수 있지만, 나다움을 지키는 힘 역시 그러한 흔들림 속에서 강해진다.

그리고 그 힘은, 자신이 원하는 삶을 자신의 의지로 만들어 낼 수 있다는 믿음이다. 고난이 찾아오더라도 멈추지 않고 계속 나아가는 사람만이, 삶을 자기만의 길로 이끌어 갈 수 있다.

───────

"자신의 운명에 도달하는 유일한 방법은
의지이다."

92

후회 없이
오늘을 살아가는 법

후회는 늘 그림자처럼 우리를 따라온다. 하지 못한 말, 놓쳐 버린 기회들이 마음 한구석에 조용히 쌓인다. 그것은 마치 오래된 일기장 같아서, 펼쳐 볼 때마다 지난날의 기억이 생생하게 되살아난다.

하지만 후회 없는 하루가 반드시 완벽한 하루를 뜻하진 않는다. 다만, 오늘 내가 할 수 있었던 최선을 다했다는 자신과의 진실한 약속일 뿐이다. 오늘의 시간을 의미 없이 흘려보내지 않고 소중히 살아가는 것이 중요하다.

겉으로 대단해 보이지 않아도 정성을 다해 살아낸

순간은 삶에 분명한 자취를 남긴다. 그 조그만 자취가 모여 결국 삶 전체에 커다란 의미를 더해 준다.

후회 없는 하루는 특별한 오늘이 아니다. 단지 매 순간, 자신에게 진심을 다하는 시간을 의미할 뿐이다. 지금 이 순간이 영원히 반복되어도 좋다고 느낀다면, 그걸로 충분하다.

최선을 다한 오늘의 시간은 의미 없이 사라지는 것이 아니라, 삶을 변화시키는 빛이 되어 영원히 남게 될 것이다.

"이 순간이 다시 와도 좋다고 말할 수 있다면,
너는 후회 없는 삶을 사는 것이다."

93

지금 내딛는 한 걸음이
인생을 바꾼다

인생을 바꾸기 위해 거창한 결심이 필요하다고 믿는 사람들이 많다. 하지만 실제로 삶을 움직이는 힘은 순간의 작은 용기에서 비롯된다.

스쳐 지나가는 사람에게 먼저 인사를 건네는 일, 미뤄두었던 일을 조심스럽게 시작하는 일, 우리를 위협하는 두려움 앞에서 다시 한 발을 더 내딛는 일이 바로 그렇다.

이러한 용기는 겉으로는 쉽게 드러나지 않는다. 그러나 빗방울이 끊임없이 바위를 두드려 그 위에 흔적을 남기듯, 크고 작은 용기들이 계속 이어져 삶에 분

너의 삶을 살아라

명한 변화를 불러올 것이다.

인간은 끊임없이 자신을 넘어서려 한다. 용기는 이런 자기 극복의 첫걸음이다. 멈추고 싶던 순간을 이겨낸 그 걸음마다 어제와 다른 나를 만날 수 있고, 그 작은 결정들이 결국 삶의 궤도를 바꾼다.

용기의 크기는 중요치 않다. 다만 무엇을 선택하기 위한 용기였는지가 더 중요하다. 작더라도 올바른 방향으로 나아가는 순간, 그 선택이 인생 전체를 바꾸는 계기가 된다.

앞으로 무언가를 해내겠다는 말보다, 지금 이 자리에서 내딛는 당신의 한 걸음이, 삶을 변화시키는 가장 커다란 힘을 가진다.

"위대한 변화는
매일의 작은 용기에서 시작된다."

이제 책을 덮으면 우리는 각자의 자리에서 삶을 다시 마주하게 됩니다. 이 책 속에 함께한 니체는 결코 추상적이지 않습니다.

매일 마주하는 불안과 고통, 예상치 못한 좌절 속에서, 우리가 느끼는 흔들림과 허무함은 오히려 삶을 깊이 이해하는 계기가 될 수 있습니다. 중요한 것은, 그 순간을 피하지 않고 온전히 맞이하며, 의미를 만들어 가는 일입니다.

책을 읽는 동안 생기는 질문의 답은 남이 대신 내

너의 삶을 살아라

려줄 수 없습니다. 타인의 삶이 아닌 '너의 삶을 살아라!' 그것이 바로, 니체가 전하려 했던 삶입니다.

본래 삶은 완전하지 않습니다. 때로는 모순투성이이고, 때로는 고통스럽습니다.

하지만 바로 그 불완전한 삶 속에서 우리는 성장하고, 의미를 발견하며, 자신을 마주할 용기를 얻습니다. 분노, 슬픔, 두려움, 불안… 이 모든 감정은 우리가 삶에 무감각해지지 않았다는, 그리고 삶에 맞서고 있다는 신호입니다.

여러분의 삶은 이제 책을 벗어나 현실에서 계속될 것입니다. 남이 만들어 놓은 기준이나 틀 속에 갇혀 자신을 평가하기보다, 매 순간 자신에게 진실한 길을 묻고 그 길을 걸어가기 바랍니다. 삶은 결국 우리 스스로 만들어 가는 것입니다.

마지막으로, 삶을 사랑한다는 것은 실패 속에서, 그리고 모순과 상처 속에서조차 삶의 의미를 찾는 용기입니다. 그 용기를 품고, 자신만의 길 위에서 하루

하루를 살아가는 모든 순간이, 당신의 삶을 온전히
당신 것으로 만드는 길임을 기억하십시오.

———————

"나는 삶을 사랑한다고 말할 수 있는 날까지,
나의 길을 오롯이 걸어가겠다."

- 프리드리히 빌헬름 니체(Friedrich Wilhelm Nietzsche)

너의 삶을 살아라

"나는 삶을 사랑한다고 말할 수 있는 날까지,
나의 길을 오롯이 걸어가겠다."

- 프리드리히 빌헬름 니체(Friedrich Wilhelm Nietzsche)

너의 삶을 살아라

초판 1쇄 발행 2026년 1월 15일

지은이 프리드리히 빌헬름 니체
옮긴이 김회주
펴낸이 임승규
기 획 데이지 스튜디오
마케팅 퍼즐 커뮤니케이션즈
디자인 STUDIO 보글

펴낸곳 데이지북스
출판등록 제395-2025-000295호
이메일 daisy-books@naver.com
인쇄·제본 천광인쇄

ISBN 979-11-995783-0-2 03100